와인 1학년

ZUKAI WINE ICHINENSEI *by Takeru Kokubo*
Text Copyright © Takeru Kokubo, 2015
Artwork Copyright © Koro Yamada
All rights reserved.
Original Japanese edition published by Sanctuary Publishing Inc.

Korean translation copyright © 2019 by Dandi Books
This Korean edition published by arrangement with Sanctuary Publishing Inc., Tokyo,
through HonnoKizuna, Inc., Tokyo, and EntersKorea Co., Ltd.

이 책의 한국어판 저작권은 (주)엔터스코리아를 통해 저작권자와 독점 계약한 도서
출판 단디에 있습니다. 저작권법에 의하여 한국 내에서 보호를 받는 저작물이므로
무단전재와 무단복제를 금합니다.

와인 1학년

고쿠보 다케루 지음
야마다 고로 일러스트
소은선 옮김

* 본문에 각주로 표시된 것은 옮긴이의 것입니다.

와인 1학년

시작하는 말
Préface

시작하는 말
Préface

와인을 '감'으로 고르는 분에게

와인을 싫어하는 건 아니다.

술 마실 때는 종종 와인을 주문하기도 하고 마트나 백화점 와인 코너를 둘러 보기도 한다. 하지만 라벨을 읽어 보려 해도 해독 불가능!

프랑스, 독일, 이탈리아, 칠레…… 나라마다 맛이 다르다던데 그 차이를 전혀 모르겠다.

2만 원짜리 와인은 만 원짜리 와인보다 두 배로 맛있나?

가격에 따른 가치의 차이 또한 전혀 모르겠다.

"가, 가벼운 것으로. 너무 달지 않은 것으로 주세요."

점원이나 소믈리에가 와인의 취향을 물어볼 때는 당황스럽기만 하다.

"[금상 수상] [베스트셀러 상품]이라고 쓰여 있으니까 그냥 이걸로 사도 될 것 같은데……."

그러다 보면 결국엔 추천하는 와인을 사거나 세일하는 상품 중에서 대충 고르고 있다.

오랫동안 술을 즐겨 온 애주가이지만 의외로 와인과 이런 관계를 계속 유지해 온 분들이 많지 않을까요?

그런 분들을 위해서 이 책이 만들어졌습니다.

뼛속까지 애니메이션 덕후인 필자는 소믈리에가 되어 지금은 작은 와인 바를 운영하고 있습니다. '와인' 하면 흡사 서양 회화처럼 복잡해서 어떻게 공략해야 할지 막막하기만 한 존재로 느껴집니다. 이 책은 그런 와인을 보글보글이나 슈퍼 마리오 8비트 게임처럼 덕후의 시선으로 대략 단순화시켜서 '이제 좀 와인을 알 것 같다'는 기분이 드는 와인 입문서입니다.

와인은 전 세계에서 일상적으로 마시는 술입니다.

따져 보면 물보다 저렴한 와인도 아주 많이 있습니다. 기본적으로 포도 자체에 당분이 높기 때문에 그냥 놔둬도 술이 됩니다. 수분과 당분이 있어서 포도가 저절로 와인이 된 것을 우연히 지나가던 원숭이가 마셨다고 해도 말이 될 정도로 흔한 술입니다.

그렇기 때문에 애당초 어려운 지식이 필요할 만큼 허들이 높지 않습니다.

그럼에도 불구하고 "와인은 괜히 부담스럽게 느껴진다……."라는 인상을 남기는 이유는 아마도 유명한 전문가들이 쓴 와인

입문서나 와인 가이드 북이 전반적으로 너무 복잡하고 어렵게 만들어져 있어서 그런 게 아닐까요?

필자 또한 그런 와인책에 적혀 있는 내용의 절반 정도밖에 모릅니다. 필요 없기 때문입니다. 그렇다고 저희 와인 레스토랑에 오시는 손님들에게 와인의 매력을 설명할 때 곤란했던 적은 단 한 번도 없었습니다.

와인의 세계를 이해하는 데 필요한 것은 올바른 지식이나 역사적인 배경이 아니라 바로 '두근두근 설렘'입니다.

필자는 이 설렘을 전하기 위해서 최선을 다할 겁니다.

설렘 포인트만이라도 잘 습득하면 일반적인 와인 가이드 북의 내용을 더욱더 쉽고 재미있게 이해할 수 있습니다. 다시 말하자면 이 책은 와인 가이드 북을 위한 와인 가이드 북 같은 겁니다.

애당초 와인의 맛이라는 게 어려운 것인가요?

저희 가게에 오시는 손님 중에는 "다른 술은 선호하는 맛이 확실한데, 왜 그런지 와인은 맛이 어떻게 다른지 그 차이점을 도통 모르겠어." 이렇게 말씀하시는 분들이 아주 많이 계십니다.

왜 그럴까요?

소믈리에 자격증을 갖고 있는 저 또한 솔직히 미각에는 그다지 자신이 없습니다.

실제로 맥주와 발포주*와 제3맥주의 차이를 잘 구분하지 못할 뿐더러, 음식은 뭐든 짜고 매우면 다 맛있다고 생각합니다. 여자 친구가 해 준 요리가 너무 맛있어서 극찬했더니 인스턴트 음식이었던 적도 있었습니다.

이런 필자도 '와인 맛은 제각기 다르다'고 단언할 수 있습니다.

와인은 종류가 엄청나게 많습니다. 전 세계에는 몇십만 종류의 와인이 있다고 합니다.

그렇다고 해도 주요 캐릭터의 특징만 잘 알아 두면 와인의 차이를 제대로 즐길 수 있습니다.

예를 들면 시즌의 중간부터 보기 시작한 애니메이션은 좀처럼 뭐가 뭔지 그 세계관이 바로 이해가 되지 않습니다. 하지만 주요 캐릭터의 성격과 역할, 서로의 상관관계를 이해하기 시작하면 점차 전체적인 그림이 보이기 시작합니다.

와인이 속해 있는 세계도 슬쩍 그런 분위기와 닮았습니다.

와인에도 '주요 캐릭터'가 있습니다. 이들 주요 캐릭터의 성격이 파악되면 머지않아 와인 전문점에 줄줄이 진열된 그저 그랬던 와인병들이 갑자기 어느 날부터 흡사 소중한 애니메이션 피

---

* 발포주 : 일본에서는 맥아의 함량에 따라 67% 이상은 맥주, 67% 미만은 발포주, 맥아를 사용하지 않고 다른 종류의 곡물로 만든 맥주를 제3맥주라고 구분함.

규어처럼 반짝반짝 빛나 보이기 시작할 겁니다. 그리고 한 병 한 병을 대하는 마음은 애정과 친밀감과 흥분으로 가득해질 것입니다. 그렇게 되면 싫어할 거란 걸 알면서도 지인들에게 와인에 대한 이야기를 밤새 하고 싶어질 겁니다.

필자가 생각하는 와인의 최대 매력은 ==마시는 사람의 인생 경험치가 그대로 와인 맛에 반영된다==는 점입니다.

예를 들면 필자는 20살 때 【로마네 콩티 라 타슈La Tâche】라는 고급 와인을 마셔 볼 기회가 있었습니다. 하지만 솔직한 느낌은 "뭔가 대단한 것 같긴 한데…… 잘 모르겠다." 였죠.

아아, 어찌 이런 안타까운 상황이!

한 병에 몇십만 원도 더 하는 와인을 '잘 모르겠다'는 말로 딱 잘라 평가해 버리다니, 필자는 바보입니다.

하지만 어쩔 수 없습니다. 모든 사람이 최고급 와인을 다 맛있다고 생각하는 건 아닙니다. 마시는 사람의 수준이 필요합니다.

패밀리 레스토랑의 저렴한 와인으로도 만족스러웠던 당시 필자의 수준을 생각하면 너무 빨리 '라 타슈'를 경험했던 것입니다.

그렇지만 칠전팔기 정신으로 두 곳의 와인 바를 경영하면서 인생의 쓴맛도 단맛도 맛본 지금은 라 타슈보다 몇 단계 아래 등급의 와인으로도 3일 밤낮을 멍하니 보낼 정도로 깊이 감동할 수 있는 사람이 됐습니다.

　왜 그렇게까지 감동을 받는지 말로는 잘 표현할 수가 없습니다.
　아마도 훌륭한 와인일수록 그 와인을 마시는 사람의 인생에 새겨진 추억이 더욱 다채롭게 되살아나기 때문에 그러는 게 아닐까 싶습니다.

　멋대로 이런저런 이야기로 두서가 길어졌습니다. 물론 길고 긴 인생, 와인을 모르고 살아도 전혀 문제가 되지 않습니다.
　그래도 여러분이 와인에 대해 조금 더 잘 알게 되길 바라는 것은 어째서일까요?
　그거야 당연히 알고 있으면 멋지지 않습니까?
　"오늘은 오랜만에 친구들과 만나니까 템프라니요로 기분 좀 내볼까!" 하고 와인 전문점에서 마시고 싶은 와인을 망설이지 않고 고를 수 있게 되거나……
　"2009년산【샤토 칼롱 세귀르Château Calon-Ségur】라면 역시 이 정도 가격은 되는구나." 이렇게 와인의 가격에 걸맞은 가치를 이해하게 되거나……
　"입이 좀 산뜻해지는 걸 마시고 싶으니까 소비뇽 블랑으로 주세요."라고 와인 바에서 자신이 좋아하는 와인 취향을 전할 수 있게 되거나……

"스파이시 치킨에는 호주의 시라즈를 곁들여 볼까!" 하며 와인을 그날의 기분이나 음식에 따라 매칭할 수 있게 되거나…….

가끔 그런 순간이 찾아오는 날에는 스스로도 좀 멋진 데라고 느껴지는데, 이게 또 은근히 즐겁습니다.

그러니 꼭 한번 와인의 세계로 발을 들여놔 보시길 바랍니다.

그 한 걸음이 인생을 보다 복잡하고 까다롭고 조금 더 근사하게 만들어 줄 테니까요.

와인 1학년

목차
Contenus

Contenus

시작하는 말 005
등장 캐릭터 소개 018
프롤로그 025

제1장 와인의 기본

미각 034
와인의 첫걸음 040
주요 품종 047
단일 품종과 블렌딩 056
라벨 062
가격 072
테이스팅 080
테루아르 086
도구 090
보관 095
매너 100
음식 매칭 105
와인에 대한 이해가 깊어졌다면 110

목차

제 2 장 구세계

프랑스	**116**
보르도 지방 Bordeaux - 프랑스	**122**
보르도 지방의 주요 품종	**129**
메도크 지역 Médoc - 보르도 지방	**138**
생테밀리옹 지역 Saint-Emilion - 보르도 지방	**143**
소테른 지역 Sauternes - 보르도 지방	**144**
포므롤 지역 Pomerol - 보르도 지방	**145**
그라브 지역 Graves - 보르도 지방	**147**
부르고뉴 지방 Bourgogne - 프랑스	**150**
부르고뉴 지방의 주요 품종	**155**
샤블리 지역 Chablis - 부르고뉴 지방	**162**
코트 드 뉘이 지역 Côte de Nuits - 부르고뉴 지방	**163**
코트 드 본 지역 Côte de Beaune - 부르고뉴 지방	**166**
보졸레 지역 Beaujolais - 부르고뉴 지방	**168**
샹파뉴 지방 Champagne - 프랑스	**170**
코트 뒤 론 지방 Côtes du Rhône - 프랑스	**175**
코트 뒤 론 지방의 주요 품종	**181**

Contenus

알자스 지방 Alsace - 프랑스	186
알자스 지방의 주요 품종	192
루아르 지방 Loire - 프랑스	195
루아르 지방의 주요 품종	201
남프랑스	204
남프랑스의 주요 품종	208
이탈리아	210
이탈리아의 주요 품종	221
스페인	226
스페인의 주요 품종	231
독일	234
독일의 주요 품종	240

제3장 신세계

미국	244
미국의 주요 품종	251
호주	254

목차

호주의 주요 품종	258
뉴질랜드	261
뉴질랜드의 주요 품종	264
칠레	266
칠레의 주요 품종	271
아르헨티나	273
아르헨티나의 주요 품종	277
남아프리카 공화국	279
남아프리카 공화국의 주요 품종	283
일본	285
일본의 주요 품종	289

에필로그	291
맺음말	299
레시피 북	303

등장 캐릭터 소개

전학생

미각도 연봉도 평균인 샐러리맨. 남에게 부탁을 받으면 거절하지 못하는 성격.

점원

와인 전문점 주인 겸 와인 학교 강사. 와인을 알리기 위해 손님을 와인 전문점에 가둬 놓음.

카베르네 소비뇽
Cabernet Sauvignon

어떤 역할이 주어져도 완벽하게 소화를 해내는 우등생. 타닌이 풍부한 레드 와인의 주요 캐릭터.

메를로
Merlot

차분한 성격으로 주변을 잘 돌보는 캐릭터. 타닌과 산도가 낮은 편이라 부드러운 것이 특징.

카베르네 프랑
Cabernet Franc

모두를 서포트하는 신스틸러. 다른 품종과 블렌딩하면 우아한 맛이 한층 더해짐.

샤르도네
Chardonnay

붙임성이 뛰어난 모두의 아이돌. 자란 산지 또는 생산자의 손에 따라 맛이 크게 좌우됨.

R 레드 와인   W 화이트 와인

피노 누아
Pinot Noir ®

쉽게 다가가지 못할 정도로 아름답고 기품이 넘침. 장미 향기와 붉은색 과일의 풍미를 가짐.

가메
Gamay ®

천진난만하고 제멋대로인 막내딸 느낌. 보졸레 누보**로 잘 알려진 품종으로 딸기 향기가 특징. 햇 와인으로 즐기는 타입.

피노 뫼니에
Pinot Meunier ®

피노 누아가 라이벌로 생각할 정도로 아름답고 고귀한 분위기를 풍김. 샴페인의 숨은 주역.

시라
Syrah ®

힘세고 생기 넘치는 장난꾸러기. 스파이시한 향과 묵직하고 우아한 풍미를 가짐.

비오니에
Viognier

몽실몽실한 분위기의 꽃미남. 백색 꽃향기와 독특한 과일 향이 완벽한 조화를 이루어 미각을 자극.

그르나슈
Grenache

조금은 촌스러운 시골 여자아이. 무한한 가능성을 보이는 미래의 유망주. 딸기 잼과 검은 후추의 스파이시한 향을 지님.

* 타닌 : 붉은 포도의 껍질, 씨, 줄기에서 나오는 폴리페놀 성분으로 텁텁하고 떫은맛을 냄.
** 보졸레 누보 : 보졸레 지역에서 재배된 가메 포도 품종을 발효 즉시 내놓아 신선하고 산뜻하게 마실 수 있는 와인.

루산 Roussanne	마르산 Marsanne	리슬링 Riesling

언제나 마르산을 돌보고 보조해 주는 역할. 기분 좋은 꿀 향과 살구 같은 섬세한 향을 지님.	몸이 약해서 자주 아프고 집 밖으로 나오지 못해 덕후 기질이 있음. 산도는 낮지만 풍부한 아로마 향을 지님.	알기 쉬운 츤데레 타입의 여학생. 끝 맛이 깨끗한 드라이 와인과 산도 밸런스가 좋은 달콤한 와인으로 생산됨.

피노 그리 Pinot Gris	게뷔르츠트라미너 Gewürztraminer 	뮈스카데 Muscadet 

양면성의 매력이 있는 미스터리한 아이. 이탈리아는 산뜻한 맛으로, 프랑스는 무게감 있는 농후한 맛으로 생산됨.	화려해 보이는 건 뭐든 좋아하는 아이. 열대 과일의 리치 향이나 향수 같은 독특하고 이국적인 향이 특징.	상큼한 외모이지만 항상 옷이 더러워져 있고 얼빠진 행동을 함. 친화력이 좋고 심플하고 상큼한 맛을 냄.

소비뇽 블랑
Sauvignon Blanc W

솔직하고 쿨한 성격의 뇌가 순진한 미소녀. 허브나 그레이프프루트 같은 시원하고 상쾌한 향을 풍김.

슈냉 블랑
Chenin Blanc W

눈에 안 띄고 싶어 하지만, 오히려 돋보이는 특이한 아이. 모난 구석 없이 전체적인 조화가 우수하고 군더더기 없는 신기한 맛을 냄.

까리냥
Carignan R

한때는 불량 학생이었지만, 최근 모범적인 생활을 하고 있음. 시가(담배) 또는 초콜릿 향기와 잘 익은 과일 풍미가 느껴짐.

모스카토
Moscato W

귀여운 남동생 타입이지만 실제로는 속이 시커먼 능구렁이일지도. 달콤한 향기와 맛으로 특히 젊은 여성에게 큰 인기.

산조베세
Sangiovese R

'키안티'라는 상표명으로 알려짐. 주위에 휩쓸리지 않고 자기주장이 강한 리더 타입. 타닌과 산도 밸런스가 훌륭함.

네비올로
Nebbiolo R

'바롤로'라는 상표명으로 더 유명한 세상 물정 모르는 왕자님. 중후하고 복합적인 맛으로 장기 숙성에 적격.

뮐러 투르가우
Müller-Thurgau Ⓦ

수수해서 눈에 잘 띄지 않지만 모두가 따르는 숨은 리더. 요란하지 않으면서 깨끗하고 정직한 맛을 가짐.

실바네르
Sylvaner Ⓦ

언제나 리슬링에게 밀리고 있는 여학생. 산도가 강한 품종을 중화시키는 부드럽고 조화로운 풍미를 가짐.

말베크
Malbec Ⓡ

겉모습은 투박해 보이지만 실은 섬세한 소녀 감성의 소유자. 카시스 베리, 제비꽃 향기. 밸런스가 훌륭한 타닌이 특징.

토론테스
Torrontés Ⓦ

겉모습은 여자아이처럼 보이지만 아주 여성스러운 남학생. 과일 요구르트 같은 달콤하고 향긋한 향이 특징.

고슈
甲州 Ⓦ

수줍음이 많고 말수가 적은 청순 요정. 일본 음식에도 잘 어울리며 품위 있는 풍미와 향이 느껴짐.

머스캣 베일리 A
Muscat Bailey A Ⓡ

부끄럼쟁이 고슈를 잘 이끌고 다니는 활기찬 여학생. 은은하게 풍기는 흑꿀*과 붉은 딸기류의 베리 향이 특징.

* 흑꿀黑蜜 : 흑설탕을 녹여서 진득진득해질 때까지 줄여서 만든 일본식 검은 캐러멜 소스로 구로미츠라고 불림.

진판델
Zinfandel ®

다이나믹하고 시원시원한 걸크러쉬 여학생. 파워풀한 과일의 풍미로 모두를 압도함.

카르메네르
Carménère ®

끊임없이 먹어 대는 숨은 돼지. 남을 신경 쓰지 않는 마이 페이스. 진한 과일 향으로 감칠맛이 돌고 산도가 적음.

생소
Cinsaut ®

여름 피서지에 잘 어울리는 생기 넘치는 여학생. 복숭아나 딸기 같은 상큼한 과일 향이 가득함.

피노타지
Pinotage ®

따뜻한 남쪽 나라 출신이라 추위에 약하지만 춤을 좋아하는 여학생. 야생 과일의 풍미로 무장한 과즙이 특징.

세미용
Semillón Ⓦ

뭘 하든지 어설픈 실수투성이라 보호 본능을 자극하는 여학생. 산도가 낮고 맛이 부드러워서 마시기 좋고 편함.

템프라니요
Tempranillo ®

거만하고 정열적인 성격, 존재감 넘치는 스타일리시한 남학생. 서양 자두나 체리 같은 검붉은 과일 향이 강렬함.

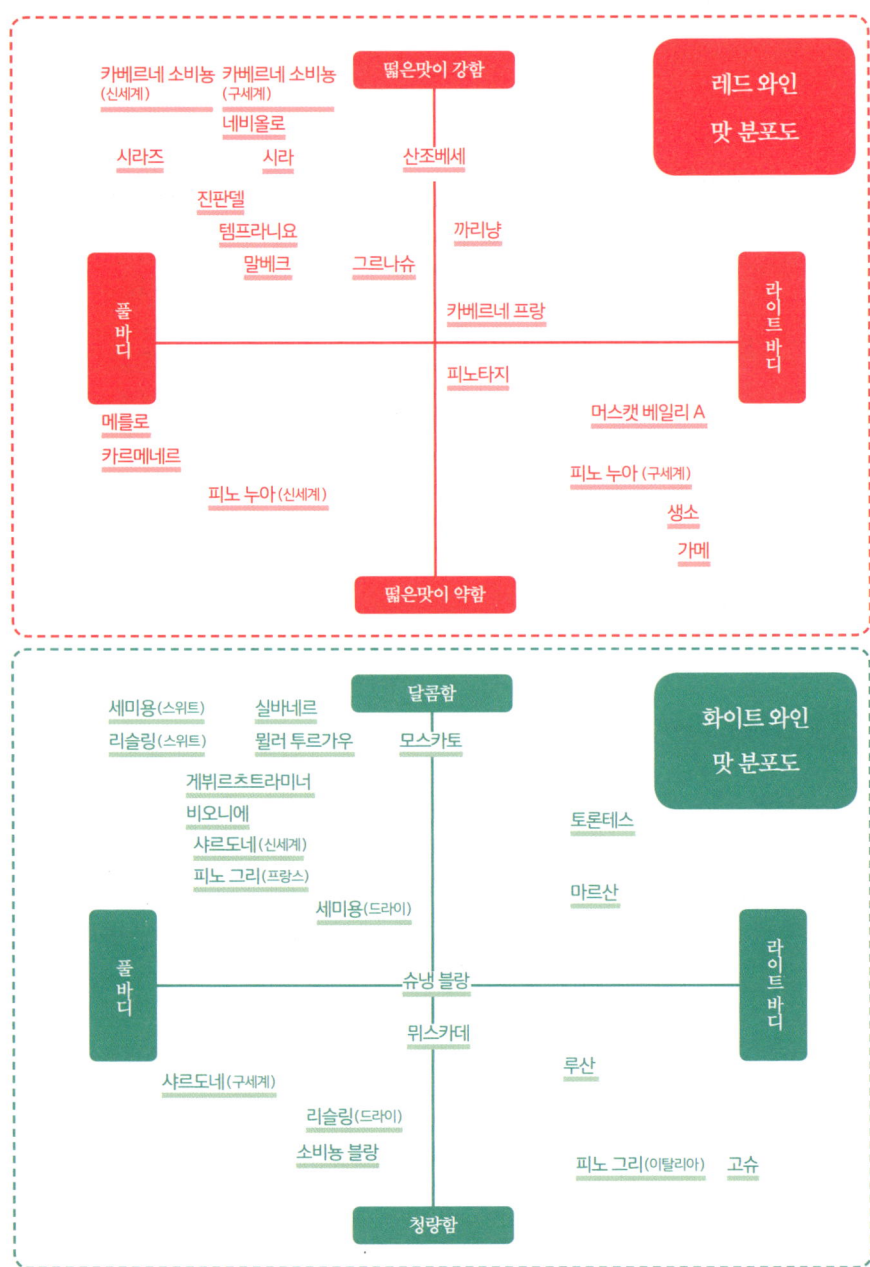

※ 바디 : 와인의 농도를 표현하는 말로 당도, 산도, 타닌, 알코올에 영향을 받음.

와인 1학년

프롤로그
Prologue

제 **1** 장

와인의 기본
Le début du vin

미각
goût

어른 입맛 지향하기.
어린이 입맛으로 시작해서

와인은 기호품입니다.

그렇기 때문에 맛있다, 맛없다는 개인의 취향에 크게 좌우된다고 봅니다.

굳이 맛있는 와인이란 의미를 정의한다면 밸런스가 좋은 와인이라고 설명할 수 있습니다.

다시 말해서 산미가 너무 강하다거나, 단맛이 너무 강하거나, 과일 향이 너무 강하거나…… 이와 같은 '너무 강하다'라는 느낌이 없어야 합니다. 어떤 한 가지의 맛이 전체를 주도하고 있거나 반대로 맛이 너무 약해서 흔적도 없이 금방 사라지는 건 좋은 와인이 아닙니다.

그래서 와인에 대해 자신이 없는 사람이라도 '너무 시다' 또는 '너무 달다'라고 느껴지지 않으면서 맛이 자연스럽고 밸런스가 좋다고 느껴지면 맛있다고 말해도 됩니다.

다만 맛있다고 해서 다 같은 맛있다가 아닙니다. 맛있다는 것에는 단계가 존재합니다. 바로 그 사실이 와인을 마시는 사람들을 긴장하게 만들기도 합니다.

미각은 나이를 더해 가면서 점점 변하게 됩니다. 이를테면 초등학교 때에는 피자, 돈가스, 햄버거, 짜장면과 같은 모든 사람들이 '이해하기 쉬운 맛있는 음식'만으로 만족스러웠다면 어른이

되고 홍어, 과메기, 아귀 간 요리ぁん肝*, 고등어 초회しめ鯖**, 초절임 반찬 같은 '이해하기 어렵고 맛있는 음식'을 선호하는 사람도 많이 있습니다.

마찬가지로 와인에도 이해하기 쉽고 맛있는 와인과 이해하기 어렵고 맛있는 와인이 있습니다.

이해하기 쉽고 맛있는 와인은 어린아이도 맛있다고 할 정도로 알기 쉬운 느낌이죠(예를 들자면 그렇다는 말이지 절대로 어린아이가 마시게 해서는 안 됩니다). 다시 말해서 주스같이 느껴지거나 비교적 조금 달콤한 타입의 와인이 많다고 할 수 있는데 일반적으로 보면 이해하기 쉽고 맛있는 와인은 가격이 그리 비싸지 않습니다.

반대로 어느 정도 혀의 미각 경험치를 높이지 않고서는 본연의 매력을 느낄 수 없는 이해하기 어렵고 맛있는 와인은 대부분 고급 와인에 속합니다. 즉 와인에 입문한 지 얼마 안 된 초보자가 무턱대고 그런 와인을 마셔 본들 진정한 매력은 제대로 느낄 수 없을 겁니다. 필자가 20살 때 아무것도 알지 못하고 최고급 와인 【로마네 콩티 라 타슈 La Tâche】를 마신 상황과 똑같습니다.

---

* 아귀 간 요리 : 안키모라고 불리는 일본의 진미로 아귀 간을 쪄서 만든 요리.
** 고등어 초회 : 소금과 식초에 절여 숙성시킨 고등어를 회나 초밥으로 즐기는 음식으로 시메사바라고 불림.

기본적으로 와인에 아직 적응이 안 된 사람은 대부분 주스같이 약간 달콤하면서 이해하기 쉬운 와인을 맛있다고 생각합니다.

그러다가 와인에 점점 빠지다 보면 머지않아 맛있다고 느껴지는 와인이 전보다 한층 더 복합적이고 섬세한 와인으로 변해 있을 겁니다(물론 세상에는 어려운 와인을 처음부터 맛있다고 느끼는 천재적인 미각을 가진 사람도 있을 수 있습니다).

간혹 유명한 고급 샴페인 【동 페리뇽 Dom Pérignon】 같은 와인을 아무렇지도 않게 맛없다고 말하는 사람이 있습니다. 절대로 맛없을 리가 없습니다. 맛있습니다. '샴페인'이라고 써넣은 시점에서 맛있는 와인으로 확정된 것이나 다름없습니다.

왜냐하면 샴페인이라는 이름으로 불리기 위해서는 정성껏 재배한 포도로 심혈을 기울여 만든 다음, 샴페인 파수꾼이 정해 놓은 아주 엄격한 기준을 통과해야만 하기 때문입니다.

그럼에도 불구하고 '동 페리뇽이 맛있는 줄 알았는데 별거 아니잖아!'라고 딱 잘라 말하는 사람은 아마도 주스 같은 스타일의 맛을 선호하는 사람일 테지요.

물론 앞서 말씀드린 것처럼 와인은 기호품이기 때문에 맛있다고 느끼는 기준에는 개인차가 있습니다.

그렇긴 해도 미각은 혀의 경험에 따라 달라집니다. 그러니 처음부터 비싼 와인을 사려고 하지 말고 저렴하고 주스 같은 스타일의 맛있는 와인부터 마시기 시작하는 편이 좋습니다. 그러고 나서 주스 스타일의 맛있는 와인이 어딘가 좀 부족하다고 느껴지는 시기가 오면 이해하기 어렵고 맛있는 와인을 찾아보는 것이 좋습니다.

솔직히 필자도 직업상 다양한 와인을 마셔 봤지만 갑자기 주스같이 달콤한 맛이 나는 와인이 마시고 싶어질 때가 종종 있습니다. 맛있다면 어떤 와인이든 그게 무슨 상관이겠습니까. 맛있다는 표현에 우열은 없다고 생각합니다.

취향보다는 경험에 따라서 미각이 변한다.

혀 레벨 1
과일 풍미나 달콤한 맛 정도만 느낄 수 있다.

혀 레벨 2
알기 힘든 미묘한 맛을 느낄 수 있게 된다.

혀 레벨 3
고급 와인과 견주어 보아도 부족함 없이 풍부한 정보를 갖고 있다.

와인의 첫걸음
élémentaire

네 종류의 대표 와인을 마셔 보자.

와인은 '이거지' 하는 가장 대표적인 와인.

그것은 누가 뭐라 해도 프랑스 와인의 보르도 레드와 부르고뉴 레드입니다.

보르도Bordeaux와 부르고뉴Bourgogne라는 명칭은 월계관月桂冠* 이나 슈퍼 드라이** 같은 상품명이 아닙니다. 보르도 씨의 작품도 부르고뉴 양조장에서 만들어진 와인도 아닌 프랑스에 있는 지방을 가리키는 것입니다.

일본으로 예를 들면 동북 지방과 킨키 지방(한국으로 치면 충청북도와 경상북도) 같은 지방 명칭입니다.

당연한 말이지만 꽤 큰 지역을 통칭하고 있기 때문에 보르도 와인, 부르고뉴 와인이라고 해도 가격과 품질은 비싼 것부터 저렴한 것까지, 맛이 좋은 것부터 형편없는 것까지 천차만별로 아주 다양합니다.

그래도 보르도와 부르고뉴는 모든 와인의 기준이니 어렵게 생각하지 말고 우선 맛이 어떻게 다른지 혀에 기억해 둡시다.

같은 레드 와인이라도 보르도는 꽤 진한 맛이고, 부르고뉴는 가벼운 맛인데 곤드레만드레 취하지만 않는다면 명확하게 구별

---

* 월계관 : 일본 소주의 상품명.
** 슈퍼 드라이 : 일본 맥주의 상품명.

할 수 있을 것입니다.

이것이 와인 테이스팅의 가장 기본 형태입니다.

'다음 잔은 보르도 와인을 마셔 볼까, 아니야 이번에는 부르고뉴 와인을 마셔 볼까?' 하고 와인으로 진지하게 고심할 수 있죠. 이제까지 '레드와 화이트 중 어떤 와인을 마실까?'라는 선택지밖에 없었던 사람에게는 아주 커다란 발전입니다.

참고로 보르도 와인의 특징은 타닌의 떫고 씁쓸한 맛이 강한 것입니다. 보르도 와인을 마셨을 때 시험 삼아 타닌이 좀 강하네 하고 말해 보세요. 와인을 잘 모르는 사람이 봤을 땐 '저 사람 와인에 대해서 잘 아는구나'라고 감탄할 수도 있을 것이고, 와인 전문가가 봤을 땐 '이 사람은 뭘 당연한 말을 하고 있나'라고 이상하게 생각할지도 모릅니다.

어느 쪽이든 금방 배운 와인 용어를 전문가처럼 말해 보면서 기분 내는 것은 꽤 중요합니다.

레드 와인의 양대 산맥이라고 불리는 두 와인의 맛의 차이점을 알았다면, 다음은 화이트 와인의 대표 주자를 알아봅시다.

화이트 와인을 쉽게 이해하기 위해서는 우선 드라이 타입과 스위트 타입의 차이를 정확하게 알아야 합니다.

왜냐하면 과거에 어쩌다 엄청 달콤한 화이트 와인을 마셨던 사람이 '나는 이런 드라이 타입 와인이 좋아'라고 스위트 와인을 드라이 타입이라고 착각하고 있을 수도 있고, 우연히 산도가 높은 시큼한 화이트 와인을 마시고 거부감이 들었던 사람이 '화이트 와인은 달콤한 것만 마셔야겠다'는 편견을 갖고 있을 수도 있기 때문입니다.

그래서 처음에는 실패가 적은 드라이 타입의 부르고뉴 화이트 와인이나 약간 달콤한 스위트 타입의 리슬링 와인을 선택하는 것이 좋습니다.

부르고뉴의 화이트 와인은 어떤 것을 골라도 다 괜찮지만 엄청 유명한 것은 샤블리입니다.

와인을 취급하는 곳이라면 샤블리는 어디에나 있습니다.

너무 유명해지는 바람에 지금은 대량으로 생산되고 있죠. 사실 맛도 최상에서 최하까지 품질이 천차만별이지만…… 그래도 드라이 화이트 와인을 배우기 위해선 역시 샤블리만큼 좋은 교재가 없습니다.

그건 그렇고 샤블리!라는 이름, 왠지 소리 내서 말해 보고 싶어지지 않나요? 이 신비스러운 소리의 울림 또한 샤블리의 인기 비결일지도 모르겠네요.

참고로 샤블리는 부르고뉴 지방의 샤블리 지역에서 만들어진 와인입니다. 억지스러운 비유이긴 하지만 일본으로 예를 들어 설명한다면 '도쿄도 세타가야구(한국으로 치면 서울특별시 서초구)에서 만들어진 와인'이라고 보면 됩니다.

다음으로 스위트 타입의 리슬링.
리슬링은 와인이 생산된 지역의 명칭이 아니라 포도 품종의 이름입니다. 그래서 와인을 취급하는 상점 직원에게 '리슬링 스위트 와인 주세요'라고 말하면 대부분 프랑스 알자스 지방의 와인이나 독일의 화이트 와인을 보여 줄 겁니다.

두 종류의 맛을 비교해 보니 어떤가요? 같은 화이트 와인이라도 드라이 와인과 스위트 와인에서 느껴지는 '맛있다'는 인상이 전혀 다르지 않던가요. 둘 다 맛있지만 맛을 느끼는 방식이 좀 다르지 않나요?

드라이 와인이 '맛있어!'라는 느낌이라면, 스위트 와인은 '우와, 마~시~쩌~!' 이런 느낌입니다. 엥? 전혀 그런 느낌이 안 들었나요? 아뇨, 그럴 수 있습니다. 미각은 개인차가 있는 거니까…….

그래도 어쨌든 이 두 종류의 풍미를 잘 알고 있으면 이 드라이 와인은 샤블리와 비교했을 때 어떻게 다른가요?라든가, 이 스위트 와인은 리슬링이랑 비교했을 때 어떤가요?라는 식으로 질문해 볼 수 있기 때문에 적어도 와인 전문점의 점원에게 '이 손님은 선호하는 와인 취향이 확실하다'는 인상을 남길 수 있겠죠.

참고로 알코올 도수가 11% 이하의 와인은 꽤 높은 확률로 스위트 와인입니다. 당분이 발효되면 알코올로 변하는데 알코올 도수가 낮다는 것은 와인에 아직 당분이 남아 있다는 뜻입니다.

맛이 '꽤 다르다'는 것을 알아보자.

"맛의 특징을 구분하기 쉬운" 와인의 예

보르도의 레드 와인

샤토 몽페라 (이름)

보르도의 병은 각이 지고 화가 난 어깨 모양

부르고뉴의 레드 와인

라보에 루아 (이름)
부르고뉴 (산지)
피노 누아 (포도 품종)

부르고뉴의 병은 부드러운 곡선의 처진 어깨 모양

부르고뉴의 화이트 와인

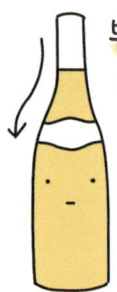

라보에 루아 (이름)
샤블리 (산지)

부르고뉴의 병은 부드러운 곡선의 처진 어깨 모양

리슬링

알자스 (산지)
위겔 (이름)
리슬링 (포도 품종)

알자스의 병은 날씬하고 길쭉한 모양

이런 식으로 와인은 〈이름〉 〈산지〉 〈포도 품종〉이 따로따로 표기되어 있습니다.
그중에서 〈산지〉와 〈포도 품종〉만 알아볼 수 있다면 대강 어떤 맛인지 짐작할 수 있습니다.

주요 품종

principales variétés

여섯 가지 포도 품종을 마셔 보자.

와인은 무엇보다도 품종이 생명입니다.

예를 들어 사과에도 후지나 홍옥 같은 품종이 있듯이 와인에 사용되는 포도에도 다양한 품종이 있습니다. ==와인의 맛은 거의 품종에 의해서 결정됩니다.==

물론 포도의 산지가 어디인지, 어느 양조장에서 만들어졌는지, 생산자가 누구인지, 만들어진 연도는 언제인지, 포도를 얼마나 정성껏 잘 분류했는지 등의 다양한 조건으로 와인의 맛이 달라지며, 여러 요소로 '맛있다, 맛없다'가 결정됩니다. 그렇지만 일단 전문적인 이야기는 나중으로 미뤄 두고, 지금은 품종이 와인의 기본적인 맛을 결정한다고 이해합시다.

와인을 알아 가는 지름길은 우선 각 품종이 가진 고유의 맛과 특징을 어렴풋하게 머릿속에 그려 넣는 것입니다.

그렇게 어려운 일은 아닙니다.

전 세계에 존재하는 포도 품종은 수천 종류가 넘는다고 알려져 있지만 그중에서 TOP 그룹에 속한 주요 품종은 다음 여섯 품종뿐입니다. 그러니 이 여섯 품종만 잘 알아 두면 됩니다.

🍷 레드 와인

카베르네 소비뇽

최강자 등장! 말이 필요 없죠. 전 세계에서 사랑받는 와인. 주인공 같은 존재입니다. 보르도에선 최고급 신의 와인으로 변하는 파워풀한 바디를 지닌 우등생입니다.

피노 누아

특히 부르고뉴 지방에서 가장 중요한 품종이죠. 선호하는 토양 조건이 꽤 까다롭고 기품과 세련미를 지닌 포도 세계의 여왕님. 위대한 【로마네 콩티】를 탄생시키는 우아하고 섬세한 맛에 와인 '애호가'들이 마음을 홀랑 빼앗기기 일쑤입니다!

메를로

카베르네 소비뇽과 쌍벽을 이루는 보르도 지방의 중요한 캐릭터죠. 과일 맛이 진하면서도 타닌은 적어요. 벨벳처럼 부드럽고 탐스러운 풍미는 흡사 아름다운 여성과도 같죠. 거기에 '부엽토 향기'까지 풍기는 건 정말이지 반칙 아닌가요.

화이트 와인

샤르도네

네, 당연히 매우 매우 좋아합니다. 전 세계에서 가장 많은 사랑을 받는 슈퍼 아이돌이죠. 샤블리, 샴페인, 그리고 캘리포니아의 화이트 와인으로 변신이 자유자재. 어떤 토양이든 그 지역의 풍토에 훌륭하게 물드는 새하얀 캔버스랍니다.

리슬링

아아, 너무 사랑스러운 리슬링……. 귀부 와인, 아이스 와인 등 수많은 고급 스위트 와인의 금자탑을 굳건히 세운 스위트 화이트 와인의 필두 품종이죠. 천성적으로 유독 시큼한 맛이 강한 품종이지만 그 덕분에 딱 좋은 맛의 스위트 와인이 되는 거죠. 츤데레라고 해도 이건 너무 치명적인 매력 아닌가요?

소비뇽 블랑

하아아아아! 파릇파릇한 풀 내음과 허브 향기로 입 안을 사정없이 '상쾌하고 청량하게' 만드는 깔끔한 화이트 와인의 대표 선수입니다. 푸르다! 아주 푸르다! 아아, 그냥 이대로 평생 대파가 되어서 너와 함께 하고 싶다.

……허걱!! 죄송합니다. 잠시 이성을 잃었습니다. 너무 유명한 인기 캐릭터다 보니 여섯 품종이 한자리에 모인다는 상상만으로 흥분을 감추지 못했습니다.

여섯 품종의 맛을 기억해 두면 이내 본인의 취향에 맞는 와인을 찾을 수 있습니다.
이를테면 이런 방식으로 접근해 보세요.

레드 와인인 경우에는 우선 카베르네 소비뇽 품종으로 만든 와인부터 마셔 보고 그 맛을 혀에 새겨 둡니다. 카베르네 소비뇽은 가장 레드 와인다운 기준이 되는 맛이라서 기본적인 레드 와인의 맛을 떠올릴 때는 분명 카베르네 소비뇽을 상상하고 있을 겁니다.
카베르네 소비뇽의 맛을 떠올리고 '무거웠어, 좀 진했어'라는 느낌이 들었다면, 그다음엔 피노 누아를 마셔 봅시다.
반대로 카베르네 소비뇽의 진하고 묵직한 맛이 마음에 들어서 비슷한 타입의 다른 와인을 마시고 싶다면 메를로를 추천합니다.
이걸로 레드 와인의 기본적인 취향을 대략 파악한 겁니다.

화이트 와인의 경우에는 먼저 샤르도네 품종으로 만든 와인의 맛과 향기를 천천히 음미하며 혀에 기억해 둡니다.

샤르도네는 카베르네 소비뇽의 화이트 와인 버전이라서 기본적인 화이트 와인의 맛을 상상할 때는 대체로 샤르도네를 떠올릴 겁니다.

샤르도네의 풍미를 떠올리면서 '흐음, 조금 더 과일 맛이 풍부하고 달콤하면 좋겠다'는 생각이 들면 리슬링을 마셔 봅시다.

반대로 '조금 더 청량한 풍미의 상쾌하고 깔끔한 맛이 좋겠어'라고 느껴졌다면 소비뇽 블랑을 마셔 보시길 추천합니다.

이렇게 해서 화이트 와인의 취향도 대략 파악했습니다.

이와 같은 방식으로 레드 와인 카베르네 소비뇽과 화이트 와인 샤르도네를 출발점으로 삼아서 여섯 품종의 각 포지션만 머리에 딱 입력해 놓으면 그때그때의 기분이나 음식에 어울리는 와인을 웬만큼 고를 수 있습니다.

여섯 품종 중에는 과거에 몇 번인가 마셔 봤던 품종도 있을 겁니다. 하지만 특별히 염두에 두고 마신 게 아니라서 그 품종의 특징을 전혀 기억하지 못한다면, 일부러라도 다시 한번 마셔 보길 권합니다.

혀라는 부위는 참으로 신기한 능력을 가지고 있어서 포도 품종의 특징을 의식하며 마시는 행동이 방아쇠가 되어 미각 세포가 그 맛을 찾기 위해 기능을 발휘합니다. 그리고 맛을 파악해서 혀에 새겨 놓으면 웬만해선 쉽게 잊히지 않습니다. 그러니 꼭 한번 시도해 보세요.

**둘 중 하나를 고르면
그 뒤엔 또 다른 선택지가 무한히 이어진다.**

샤르도네를 마시고…

- 좀 더 과즙 풍미가 강하면 좋겠어 → 리슬링
- 좀 더 상큼하고 청량하면 좋겠어 → 소비뇽 블랑

카베르네 소비뇽을 마시고…

- 이 맛 좋아!! → 메를로
- 좀 무거운 것 같아… → 피노 누아

단일 품종과 블렌딩
simple et mélangés

단일 품종부터 마셔 보자.

여섯 가지 품종이라는 지도만 손에 넣으면 와인 세계로 모험을 떠날 만반의 준비가 된 겁니다.

왜냐하면 전 세계에서 판매되고 있는 와인은 대부분 이 여섯 품종 중 하나를 사용했을 테고, 어쩌다 알지 못하는 품종에 맞닥뜨렸다 해도 여섯 품종 중 어떤 맛과 유사한지 점원에게 확인해 보면 아무래도 본인 취향에 가까운 와인을 찾기 수월해질 테니까요.

이것으로 이제 안심이네요.

항상 '와인은 어떤 것으로 준비해 드릴까요?'라는 질문을 받을 때마다 몸이 움츠러들어 '아, 역시 그냥 맥주로 주세요.' 이렇게 답하고 표정이 굳어 버렸던 분에게는 꽤 커다란 진보가 아닐까 싶습니다. 서민에 의한 서민을 위한 소믈리에를 자칭하고 있는 필자로서 그러한 분에게 조금이나마 도움이 될 수 있는 것을 최상의 기쁨으로 삼고 있습니다.

그런데 와인 세계는 안타깝게도 그렇게 간단하지만은 않습니다. 이게 그렇게 쉽게 해결될 일이라면 애초부터 소믈리에는 이 세상에 필요하지도 않았을 겁니다. 오히려 와인이 좀 어려운 게 필자에겐 다행스러운 일이지만 말이죠.

아무튼 실제로 와인을 사러 가 보면 어떤 큰 어려움에 직면하게 됩니다.

무슨 품종이 사용되었는지 모르겠어요.

사실 이 세상엔 그런 와인이 아주 많습니다.

물론 와인의 라벨이나 와인 전문점 앞의 홍보 문구에 떡하니 샤르도네, 카베르네 소비뇽이라 적혀 있는 와인도 있습니다. 반면 포도 품종이 수수께끼인 와인도 비교적 많은 비중을 차지하고 있습니다.

특히 블렌딩(=배합)해서 만든 와인의 대부분은 라벨에 품종이 표기되어 있지 않습니다.

그리고 포도 품종이 섞여 버리면 상당한 경험자가 아니고서는 어느 품종이 어떤 맛인지 입 안에서 판별하는 것은 매우 어려운 일입니다. 필자 또한 와인을 몇 모금 마시고 난 뒤에는 혀가 마비되기 시작해서 '넌 대체 누구냐?'라는 식으로 고개를 갸웃거린 채 사고 회로가 정지될 때도 종종 있습니다.

그래서 블렌딩 와인일 경우에는 특정 품종의 맛을 찾아낸다는 식으로 접근하기보다는 생산된 나라 또는 지역에 따른 맛의 차이를 음미하는 방식으로 와인을 즐기는 게 좋습니다.

반대로 포도 품종이 명확하게 적혀 있으면 단일 품종 와인입니다(참고로 단일 품종 와인은 버라이어틀 와인 Varietal Wine 이라고도 불립니다).

이것은 한 종류의 포도 품종으로 만든 와인을 의미합니다. 단일 품종인 경우 사용한 품종이 샤르도네라면, 라벨에 【어쩌고저쩌고 샤르도네】라고 알기 쉽게 쓰여 있습니다.

그러므로 ○○ 품종의 맛을 확실하게 파악하고 싶다면, ○○ 품종의 이름이 분명하게 명시된 단일 품종 와인을 선택하는 것이 좋습니다.

와인을 판매하는 곳에는 단일 품종 와인과 블렌딩 와인이 뒤섞여 진열되어 있지만, 어떤 와인이 더 많은 비율을 차지하고 있는지는 '나라'에 따라 그 경향이 다르다고 보면 됩니다.

와인 세계는 크게 두 개로 나누어져 있습니다. 하나는 와인의 역사가 오래된 구세계(프랑스, 이탈리아, 스페인, 독일 등) 다른 하나는 와인의 역사가 짧은 신세계(미국, 칠레, 호주, 일본 등) 일명 뉴월드라고 불리는 지역입니다. 구세계 와인은 일반적으로 블렌딩이, 신세계 와인은 단일 품종이 주류를 이루고 있습니다.

물론 예외도 많이 있지만 대략 유럽은 블렌딩, 그 이외의 나라는 단일 품종이라고 기억하는 방법도 나쁘지 않습니다.

실제로 와인 전문점이나 레스토랑에서 한번 확인해 보세요. 예를 들어 캘리포니아 와인은 라벨을 읽어 보면 대부분 어딘가에 품종명이 쓰여 있는 반면, 프랑스 와인은 어떤 품종이 사용됐는지 라벨을 살펴보는 것만으로는 알 수 없는 경우가 허다할 테니까요.

구세계는 어렵고, 신세계는 간단합니다.

신세계의 칠레 와인은 소위 '초심자용'이라고 불리는데 그 이유는 맛이 확연히 드러나서 이해하기 쉬운 단일 품종 와인이 많기 때문입니다.

그러므로 우선은 어마어마하게 많은 종류의 와인 중에서 신세계 단일 품종 와인을 골라, 품종 하나하나의 맛을 혀에 잘 새겨두세요.

그러면 맛의 차이점을 확실히 구별할 수 있게 돼서 와인을 고를 때도, 마실 때도 점점 재미있어질 겁니다.

물론 단일 품종에 이제 익숙해졌다면 블렌딩 와인에 도전해 보는 것도 좋겠지요.

하지만 블렌딩 와인의 진정한 매력은 단일 품종의 스펙을 이해하고 난 후에야 비로소 그 참된 맛을 느낄 수 있습니다.

이것은 필자가 '몬스터 팜'이라는 게임을 하면서 얻은 소중한 공략법 중 하나이죠.

---

* 대항해 시대 : 15~16세기 유럽인들의 신항로 개척이나 신대륙 발견이 활발하던 시대.

Point 단일 품종부터 공략하고, 블렌딩 와인에 도전하자.

와인의 기본

라벨

etiquette de vin

손님들에게 '소믈리에는 라벨을 보면 그게 좋은 와인인지 어떤지 판단할 수 있나요?'라는 질문을 자주 받습니다.

결론부터 말씀드리면 소믈리에도 '라벨로 판단할 수 있는 와인이 있고 도무지 알 수 없는 와인도 있습니다.'

어째서 곧바로 '당연히 소믈리에니까 다 알 수 있지요!'라고 히스테릭한 말투로 단언하지 못하느냐 하면 안타까운 사실이지만 와인의 라벨에 적힌 정보라는 것이 꽤나 적당히 대강 적어 놓은 자료라서 그렇습니다.

그리고 일반적인 경향으로 설명하자면 구세계(유럽) 와인의 라벨은 알아보기 어렵고, 신세계(유럽 이외) 와인의 라벨은 알아보기 쉽게 적혀 있습니다.

와인 전문점에 방문할 일이 있다면 그 특징을 염두에 두고 두루두루 살펴봅시다.

눈앞에 와인이 가득 늘어서 있습니다.

먼저 칠레, 캘리포니아, 호주 등 신세계 와인부터 훑어볼까요?

신세계 와인은 앞에서 설명한 것처럼 대체로 단일 품종입니다. 포도 품종명이 라벨에 명확하게 기재된 와인이 많기 때문에 그 정보를 확인하고 자기 취향에 맞는 맛을 선택할 수 있습니다. 간단하지요.

레드 와인은 **카베르네 소비뇽**이나 **메를로**, 화이트 와인이라면 **샤르도네** 또는 **소비뇽 블랑**이 사용된 와인을 고르면, 웬만해선 맛이 예상에서 크게 벗어나지 않는 '이해하기 쉽고 맛있는' 와인에 당첨될 겁니다.

거기에다 얼마의 금액을 낼 수 있는지에 확률이 달려 있지요. 당연히 금액이 올라가면 '이해하기 쉽고 맛있는' 와인에 당첨될 확률도 훨씬 높아집니다.

여기까지가 초심자가 알아 두어야 할 내용의 전부입니다.

다음은 신세계보다 조금 복잡한 구세계 와인입니다.

구세계 와인은 **품종보다 산지가 더 중요**합니다. 게다가 야구에서 1군, 2군, 3군으로 팀을 나누는 것처럼 더 고급인지 아닌지를 일컫는 등급도 존재합니다.

대표적인 것은 프랑스 와인의 AOC라는 등급 제도입니다.

네, 어려워 보이는 줄임말이 드디어 나왔습니다. 여기에서 거부 반응이 생길 것 같습니다.

하지만 별거 아닙니다.

AOC는 어느 지역의 토양(토질, 기후) 조건을 만족시키고 있는가에 대한 설명서입니다. 지역명이 더욱 세분화된 작은 마을의 범위로 표기되어 있다면 일반적으로 품질도 가격도 높아집니다.

예를 들면 다음과 같습니다.

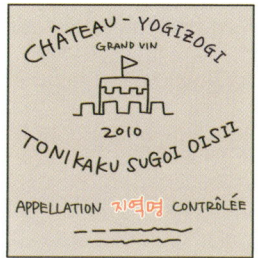

Appellation(아펠라시옹)
d'Origine(도리진)
Contrôlée(콩트롤레)

이 AOC의 'O' 부분인 d'Origine(도리진)이 적혀 있는 곳에 지역 명칭이 들어가는 겁니다.

Appellation(아펠라시옹)
Bordeaux(보르도)
Contrôlée(콩트롤레)

이렇게 적혀 있으면 보르도 지방 전역에서 생산한 포도를 한데 모아서 와인에 사용했다는 의미입니다.

Appellation(아펠라시옹)
Médoc(메도크)
Contrôlée(콩트롤레)

이렇게 적혀 있으면 보르도 지방 중에서도 메도크 지역에서 생산한 포도만으로 만든 와인이라는 의미이며, 고급스러운 와인이라고 해석할 수 있습니다.

좀 더 세분화된 지역을 예로 들면,
Appellation(아펠라시옹)
Margaux(마르고)
Contrôlée(콩트롤레)

이렇게 적혀 있으면 보르도 지방의 메도크 지역 중에서도 더욱 작은 규모의 산지인 마르고 마을에서 생산된 포도만 사용했다는 뜻이며, 매우 고급 와인이라는 의미로 보면 됩니다.

약간 억지스럽지만 이해하기 쉽게 일본 지역명으로 예를 들면,
Appellation 관동 지방 Contrôlée 보다는
Appellation 도쿄 Contrôlée로 적힌 것이 좋고
Appellation 중앙구 Contrôlée로 적힌 것이 더욱 우수하고
Appellation 긴자 Contrôlée로 적힌 것이 더 고급 와인입니다.

좀 더 이해하기 쉽게 한국 지역명으로 바꾸어 설명하자면,
Appellation 중부지방 Contrôlée 보다는
Appellation 서울특별시 Contrôlée로 적힌 것이 좋고
Appellation 강남구 Contrôlée로 적힌 것이 더욱 우수하고
Appellation 청담동 Contrôlée로 적힌 것이 더 고급 와인입니다.

이처럼 더욱 작은 지역으로 범위가 한정된 게 높은 등급이라는 구분 방식은 라벨을 보고 프랑스 와인의 가치를 판단하는 기본적인 공략법입니다(어떤 지역이 더욱 작은 단위의 지명이고 고급인지는 뒤에서 설명하겠습니다).
참고로 AOC는 유럽연합(EU)의 새로워진 규정에 따라 AOP(Appellation d'Origine protégée=아펠라시옹 도리진 프로테제)라는

등급제로 서서히 이행되고 있어서, 지금은 AOC와 AOP가 혼재된 것처럼 보이지만 기본적인 접근 방식이나 규제 목적에는 변함이 없습니다.

  이런 방식으로 프랑스 와인의 라벨 정보를 대략 구분할 수 있게 되면 다른 구세계의 와인도 자연히 금방 이해가 될 것입니다.

  다만 여기서 미리 양해를 구하자면 라벨 표기에는 규정된 양식이 없습니다.

  Appellation도 Contrôlée도 protégée도 쓰여 있지 않고 단지 지역명만 기재되어 있는 와인도 있으며, 그 어디에도 품종이나 지역명이 적히지 않은 어디서 굴러먹다 온 개뼈다귀인지 정체를 알 수 없는 와인의 출현 빈도 또한 아주 높습니다.

  만약 그런 와인을 발견하게 됐다면 어떻게 하면 좋을까요?

  정보를 알 수 없는 와인을 발견했다면 매장의 홍보 문구를 살펴보거나 점원에게 물어보세요(…점원에게 떠넘기고 필자는 도망).

  아니면 혹여 그러한 와인을 발견했다 하더라도 그냥 신경 쓰지 않고 놔두면 되지 않을까 싶습니다.

  필자도 특별히 그 와인이 유명하다거나 누군가에게 한번 마셔보라는 추천을 받지 않은 이상, 근본을 알 수 없는 와인은 웬만해선 거의 사지 않습니다.

그래도 만약 한번 사 볼까 하는 생각이 들었다면 정체를 알 수 없는 물건에 대한 호기심으로 사 보거나, 그게 아니면 정보가 부족한 와인 중에는 근사하게 디자인된 라벨이 많기 때문에 스타일리시한 친구들과 디자인만 보고 구매하는 게임을 해보는 것도 좋을 것 같네요.

그리고 간혹 라벨에 'Grand vin de 어쩌고저쩌고'라고 적혀 있기도 한데 이런 것은 단순한 광고 문구 같은 것이니 신경 쓰지 않아도 됩니다. 예를 들어 Grand vin de Bordeaux(그랑 뱅 드 보르도)는 보드도의 위대한 와인이라는 의미이지만 자칭 위대하다고 내세우고 있는 것일 뿐 거기에 뭔가 특별한 의미가 담겨 있는 건 아니랍니다.

그리고 와인병 뒤쪽에 풀 바디, 미디엄 바디, 라이트 바디라고 적혀 있는 경우도 있습니다. 이것은 무엇을 의미하냐면 과일 맛, 떫은맛(타닌), 알코올 도수를 한데 합해서 계산한 강도의 센 정도를 표현한 것입니다.

이 중에서 두 가지 또는 세 가지 요소가 모두 강하면 풀 바디, 세 가지 요소가 모두 약하면 라이트 바디, 어느 한 가지가 특별히 강하고 나머지 두 가지 요소가 약하면 미디엄 바디라고 합니다.

간단하게 설명하면 주스를 만들 때 사용하는 원액의 농도에 따라 맛이 달라지는 것처럼 용액의 짙고 묽음 정도의 차이라고 보면 됩니다.

만약 와인의 바디감이 자신의 혀에 착 감겨 취향 저격이라 해도 '나이스 바디'라고 표현을 한다거나 아재 개그처럼 '바디'를 '버디(친구)'라든가 '보디'라고 바꾸어 말하는 경우는 없으므로 주의해 주세요.

대강 파악할 수 있을 정도면 충분하다.

◆ 신세계 와인의 라벨 ◆

비교적 단순하고 알아보기 쉬움

◆ 구세계 와인의 라벨 ◆

대체로 통일성이 없어서 어려움!

 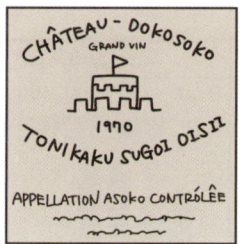 

가격

cours

가끔은 약간 비싼 와인을 사 보자.

처음 보는 와인을 손에 들었을 때 과연 그 와인이 정말로 맛있는 와인일지, 아닐지에 대한 절대적인 기준은 없습니다. 단지 그럴 확률이 높을지 낮을지에 대한 것뿐입니다. '맛있는 와인에 당첨될 확률'은 단순하게 가격에 비례한다고 보면 됩니다.

여기서 중요한 포인트는 가격이 비싸면 비쌀수록 점점 맛이 월등히 좋아진다는 의미가 아니라 가격이 비쌀수록 실패할 확률이 확실히 줄어든다는 의미입니다.

일반적으로 와인 가격이 저렴하면 저렴할수록 제조 비용 절감을 위해서 첨가물을 추가하거나, 좋지 않은 품질의 포도를 많이 섞어서 대량 생산하는 경우가 허다합니다. 반대로 비싸면 비쌀수록 그만큼 우수한 산지의 포도를 사용하거나, 우수한 포도 중에서도 고품질의 포도와 상처 입어 품질이 떨어진 포도를 정성껏 분류하는 작업에 많은 시간과 노력을 할애합니다.

저렴하고 맛있는 와인은 존재합니다. 하지만 고가의 와인은 대체로 맛이 좋습니다.

그렇다면 얼마 정도의 대가를 지불해야 맛에 차이가 발생하는 걸까요. 어림잡아 '이 정도의 가격대까지는 확률이 거의 비슷하다'고 할 수 있는 금액으로 단계를 나누어 보았습니다.

- 만 원 미만　　　매우 저렴한 와인
- 만 원 ~ 2만 원　데일리 와인
- 2만 원 ~ 5만 원　조금 우수한 와인
- 5만 원 이상　　고급 와인
- 30만 원 이상　　최고급 와인(대체로 1등급 이상)

　만 원 미만의 와인은 우선 기대를 하지 않는 것이 좋겠지요. 아주 드물게 남아프리카 공화국 같은 '신세계 중에서도 가장 신세계'라고 여겨지는 와인 산지의 신흥국에서 진귀한 와인을 저렴한 가격에 구매하는 경우도 더러 있지만 맛이 좋은 와인은 거의 없다고 생각하는 편이 무난합니다.

　만 원에서 2만 원 사이의 데일리 와인은 상품에 따라 맛이 좋은 것도 있습니다. 필자가 마시는 와인도 대부분 이 가격대입니다. 다만 미리 알아두어야 할 점은 맛이 좋은 와인이 존재한다고 설명했지만 주스처럼 과일 맛이 확실하게 느껴지거나 산뜻한 맛을 지니고 있는 '이해하기 쉽고 맛있는' 와인이라는 의미입니다. 그렇기 때문에 신세계 와인이 집중되어 있습니다. 반대로 복합적인 풍미를 매력으로 삼고 있는 보르도나 부르고뉴 와인을 마실 거라면 이 가격대의 와인은 별로 추천하고 싶지 않습니다.

2만 원에서 5만 원 사이의 조금 우수한 와인은 과일 맛이 지배적이지 않고 섬세하면서 복합적인 풍미의 '이해하기 어렵고 맛있는' 와인이 종종 있습니다. 신세계 와인이라면 거의 실패는 없습니다. 구세계 특히 프랑스 와인은 최소 3만 원 이상 지불해야 성공할 확률이 높았던 것으로 기억합니다.

　5만 원 이상의 고급 와인은 대체로 실패가 적습니다. 초심자에게 이해하기 쉬운 와인도, 이해하기 어려운 와인도 존재하지만, 어느 쪽이든 모두 맛이 좋은 와인입니다. 고급스러운 와인을 마셔 보고 싶지만 미각에 별로 자신이 없다고 생각하는 분이라면 '이해하기 쉽고 맛있는' 칠레의【알마비바 Almaviva】나 캘리포니아의【스털링 빈야드 Sterling Vineyards】시리즈를 선택하면 좋을 것 같습니다.

　30만 원 이상의 최고급 와인은 일생일대의 추억이라 할 수 있습니다. 대부호가 아닌 이상, 이 등급의 와인을 마셨다는 사실은 분명 죽을 때까지 이야깃거리가 되겠지요. 최고급 와인의 맛은 웅장합니다. 마시는 사람의 능력치를 묻는 듯한 그런 박력마저 느껴집니다. 최고급 와인을 제대로 음미할 수 있는 훌륭한 사람으로 성장하고 싶을 따름입니다.

비싼 돈을 내면서까지 와인을 마시고 싶지는 않다고 생각하는 사람도 분명히 있을 겁니다. 필자도 과거에는 그랬습니다. 비싼 와인이 무엇 때문에 비싼 건지 조금도 그 가치를 느낄 수 없었기 때문이죠.

고가의 와인이 왜 비싼지 살펴보면 그 이유 중 하나는 포도의 희소가치 때문입니다.

양질의 포도가 수확되는 지역이 한정되어 있기도 하지만 근본적으로 출하량도 적습니다. 즉 포도나무의 가지치기를 사정없이 했다는 뜻입니다.

가지치기를 많이 할수록 포도 한 알 한 알에 맛과 영양이 집중됩니다. 그러한 까닭으로 어쩔 수 없이 포도나무의 가짓수는 줄어들게 되고 포도의 희소가치가 높아지게 되는 것입니다.

거기에 좋은 품질의 포도만을 골라내기 위해서 포도를 사람의 손으로 일일이 따야 하는 작업 등의 인건비도 상당액이 발생합니다. 때에 따라 와인병에 비용을 들이는 경우도 있습니다. 브랜드 가치가 높은 와인은 위조품을 만들어 내지 못하도록 와인병을 두껍게 제작하기도 하고, 크기를 좀 커다랗게 만들기도 합니다.

오래된 빈티지 와인이라면 더욱 값이 비싸집니다. 모두가 참지 못하고 마셔 버린 탓에 시대와 더불어 점차 '절멸 위기에 처한 빈티지 와인'이 되어서 희소가치가 더 높아지게 되는 거죠.

이처럼 여러 가지 원인이 있지만 한마디로 쉽게 말하면 마셔 보고 싶다고 생각하는 사람이 많아서 와인의 가격이 올라가는 것입니다.

그렇기 때문에 '비싼 와인은 당연히 맛있겠지'라는 편견을 갖고 있어도 괜찮습니다. 왜냐면 실제로 맛이 진짜 좋거든요.

인생을 살다 보면 확실히 기분 좋게 취하고 싶은 특별한 날도 생깁니다. 그런 날에 몇 푼 아껴 보겠다고 약간 덜 비싼 와인을 골랐다가 하필 형편없는 와인이 걸려 애써 준비한 이벤트까지 엉망으로 만들 바에는 특별한 날의 가치를 한층 더 높여 줄 살짝 고가의 와인을 선택하는 편이 나을 수 있습니다.

그런데 잘못 이해하기 쉬운 것 중 하나가 고급 와인에서 말하는 맛이 좋다는 뜻은 어른 미각의 기준에서 맛있다는 의미입니다. 혀의 미각 등급이 어린이 상태라면 아무리 고급 와인을 마셔 본들 분명히 맛이 별로라고 느껴질 겁니다.

우선은 자신의 미각 기준으로 '이해하기 쉽고 맛이 좋은 와인'을 선택할 수 있을 때까지 만 원에서 2만 원대의 데일리 와인을 즐겨 보도록 합시다.

참고로 레스토랑이나 바에서 취급하는 와인 한 병의 가격은 대체로 와인 전문점의 세 배 정도라고 볼 수 있습니다. 일률적으로 원가에 플러스 얼마라는 식으로 값을 책정하는 음식점도 있는데 그럴 경우에는 고급 와인을 선택할수록 이득이겠지요.

Point 픽미! 선택받을수록 가격이 높아진다.

와인 잔에는 어떤 방식으로 따르면 좋을까요?

멋있게 와인을 따르고 싶다면 병 밑면 가운데 움푹 들어간 곳에 엄지손가락을 걸치고 따르는 방법도 나쁘지 않습니다.

조금 높은 위치에서 와인 액체를 떨어뜨리듯 쪼록쪼록 소리를 내면서 공기와 접촉시켜서 따라 줍니다. 튀거나 흘리지 않을 정도의 높이에서 쪼록쪼록하는 소리가 나도록 따르면 됩니다.

저렴한 와인은 그다지 큰 변화가 없지만 좋은 와인이라면 높은 위치에서 따르는 것만으로도 맛과 향기가 피어납니다.

그리고 와인은 잔의 3분의 1 정도까지만 따라 줍니다. 뒷술을 마시는 것처럼 잔의 테두리까지 찰랑찰랑하게 가득 따르면 향을 모으는데 필요한 공간이 없어지기 때문에 바람직하지 않습니다.

다음으로 맛을 음미해 볼까요? 어떤 방식이든 구애받지 않고 음미해도 괜찮습니다. 맥주처럼 꿀꺽꿀꺽 마셔야 제맛인 타입의 와인도 존재합니다. 하지만 신중하게 고른 와인이거나, 가격이 약간 비싼 와인이거나, 소중히 간직해 온 와인일 경우에는 좀 더 집중해서 맛을 음미하고 싶어지는 게 당연하겠죠.

그럴 땐 와인 잔에 따라 놓은 와인의 외관부터 살펴봅시다.

그리고 조금이라도 와인의 액체 속에서 마른풀이나 나무껍질의 빛깔, 갈색이나 벽돌 색깔을 찾아냈다면 '역시 훌륭하네.' 하고 살며시 말하고 만족스럽게 히죽히죽 웃으면 됩니다.

그러고 나서 코를 잔에 갖다 대고 킁킁하고 향을 맡은 후 '오호, 피어나고 있다'고 말해 보세요.

잘 모르더라도 '피어났다'고 말하면 됩니다. 말로 표현하는 것이 중요한 겁니다. 이걸로 '와인을 즐기는 사람'이라는 분위기가 연출돼서 더욱 근사한 기분이 들 것입니다.

와인 잔을 돌리는 게 좋을까요? 네, 돌리는 게 좋습니다. 돌려 봅시다. 밖으로 튀지 않도록 주의하면서 부드럽게 원을 그리듯이 돌려봅시다. 와인 잔을 돌리고 향을 맡고 또다시 돌리고 향을 맡아 봅시다. 그러다 보면 병에 가두어 놓았던 맛의 꽃봉오리가 점차 서서히 피어나는 듯한 기분이 듭니다. 첫 만남으로 긴장해서 머뭇머뭇하던 소녀가 아주 조금씩 마음을 열어 친숙해지는 것처럼 말입니다.

자, 그럼 이제 마셔 봅시다. 좋은 와인은 원칙적으로 되도록 천천히 마시는 것이 바람직합니다.

오랜 기간 숙성시킨 와인일수록 첫 모금부터 마지막 여운이 뒤따를 때까지 맛이나 향이 점점 빠르게 변하기 때문에 시간을 충분히 두고 느긋하게 즐기지 않으면 중요한 장면을 놓쳐 버릴 수도 있습니다.

드디어 본격적인 맛의 실체를 알아가는 단계에 들어왔습니다. 초심자가 고급 와인에 도전하게 된다면 어떤 식으로 맛을 보고 어떻게 풍미를 이해하고 즐기면 좋을까요?

꿀꺽꿀꺽 단숨에 마셔 버리면 풍미도 순식간에 지나가겠죠. 살며시 와인 한 모금을 입 안에 머금고 신중하게 타닌? 과일잼 같은 맛? 담배 같은 느낌? 등을 미각 세포에 집중하면서 맛을 하나하나씩 찾아본다면 한층 이해하기 쉬워질 겁니다.

조금 마니아처럼 설명하면 와인을 혀 위에서 퍼지게 한 뒤, <mark>그 액체로 혀 전체를 감싸듯이 적셔서 맛보는 것</mark>이 좋습니다.

혀는 단맛, 신맛 등의 다섯 가지 미각을 느끼는 장소가 각각 다릅니다. 그래서 와인을 입 안 전체, 혀의 구석구석까지 적셔야 맛의 특징을 제대로 파악할 수 있습니다.

더욱이 와인에 사용된 포도의 특징을 알고 있을 경우엔 품종 고유의 풍미를 적극적으로 쫓는 것도 가능합니다. 그렇게 해서 바로 찾아질 때도 있을 테고 '아닌가? 안 들어갔나?' 하고 허탕을 치는 경우도 더러 있을 겁니다. 그럴 때는 '음, 그다지 <mark>메를로</mark> 같지는 않던데.' 하고 대수롭지 않게 수준 높은 미식가처럼 슬쩍 말하면 됩니다.

그럼 이제 마지막으로 여운을 느껴 보죠.

특별히 의식하지 않으면 웬만해서 잘 알아채지 못할 수도 있겠지만 고급 와인일수록 향기나 풍미의 잔상이 길게 이어집니다. 마치 과거에 헤어진 연인의 향수 냄새가 문득 그 사람을 생각나게 하는 것처럼, 언제까지나 계속 이어지는 애잔하고 사랑스러운 여운을 남깁니다.

Point 다양한 향을 찾아보자.

레드 와인의 향

A: 라즈베리, 블루베리, 체리 — 이건 알기 쉽고

B: 검은 후추, 소고기, 쵸콜릿 — 잘 아는 맛!!

C: 낙엽, 부엽토, 가죽 — 음식이라 할 수도 없는데요…

화이트 와인의 향

A: 레몬, 라임, 그레이프프루트, 풋사과 — 상큼하고 청량한

B: 벌꿀, 캐모마일, 파운드 케이크 — 맛이 여성스러워!

C: 분필, 자갈, 조개껍데기 — 매우 학교가 연상되는 냄새다…

테루아르
terroir

와인이 자란 환경을 상상해 보자.

맛있는 와인은 맛에 좀 더 주의를 기울이고 마시면 정말 맛이 좋습니다.

와인 전문점은 갈 때마다 매번 새로운 얼굴들이 등장합니다. 그러다 보니 와인에 조금 흥미가 생긴 분이라면 피규어나 트레이딩 카드를 수집하듯 와인을 사 모으는 심정도 십분 이해가 될 겁니다.

그런데 무엇 때문에 전 세계 사람들은 와인에 이토록 열광하는 걸까요.

그런 질문을 받았을 때 필자는 항상 '테루아르Terroir의 매력을 깨달았기 때문이 아닐까요.'라고 대답하고 있습니다.

조금 억지스러운 초역이지만, 테루아르란 '와인병 안에는 와인 말고도 포도를 재배하는 토양이나 기후 같은 자연적 요소가 고스란히 담겨 있다'는 의미입니다. 그런 연유로 단순히 맛이나 명품 와인이란 상표에서 얻어지는 흥분은 와인 세계의 초입에 지나지 않습니다.

혀에 느껴지는 맛의 여운을 통해 포도나무가 재배된 흙이 자갈, 점토, 석회, 화산재 등 어떤 토질인지는 물론이거니와, 와인을 생산한 곳의 환경이 어떠한지도 전달됩니다. 이를테면 주변에 사는 동물이나 흙에 서식하는 벌레나 세균, 그리고 그 땅에 사는 사람의 성격이 느긋하고 여유로운지, 주의 깊고 신중한지, 그러한 별의별 다양한 정보가 결합해서 복합적인 맛을 형성하는 거죠.

그러한 테루아르의 심오함을 깨달은 순간은 마치 아주 좋아하는 곡에 담긴 숨은 테마나, 영화감독이 스토리 속에 감춰 둔 메타포를 발견했을 때처럼, 온몸에 닭살이 쫙 돋고 뭐라 설명할 수 없는 기쁨에 휩싸이게 됩니다.

예를 들면 포도밭 주변에 여우가 살고 있거나, 새장이나 양계장이 있다면 의도하지 않더라도 흙에 여우나 닭의 분뇨가 뒤섞이게 되겠죠. 그리고 포도밭에 허브가 자라거나, 올리브 나무를 함께 심어 둔 경우도 더러 있습니다. 간혹 라벨에 동물 그림이 그려진 와인이 있는데 개중에는 가까이에 그런 동물이 살고 있다고 알리는 와인도 있습니다.

솔직히 말해서 새콤하거나 달콤하거나 여타의 맛에 직접 영향을 주는 것은 아니지만 '활기차 보인다'든가 '여유롭고 한갓진 풍경 같다'든가 그런 인상을 풍깁니다.

그리고 제대로 테루아르의 매력을 감득하게 되면 그런 광경이 자꾸 머릿속에 떠올라 저절로 즐거워집니다.

'그건 다 기분 탓이 아니냐?'고 말하는 사람도 있겠죠.

하지만 '그런 기분이 전혀 안 드는 것도 아니야'라는 너른 마음으로 와인을 대하면 즐거움은 훨씬 더 커지기 마련입니다.

좋은 포도는 흙의 풍토를 충분히 흡수한다.

도구

outil

코가 쏙 들어가는 와인 잔으로 마시자.

와인 세계에는 아이템이 다양합니다.

그중에서도 우선 코르크 마개를 따는 것이 번거롭다면 스크루 풀을, 깔끔하게 포일을 잘라내고 싶다면 포일 커터용 나이프를, 마시고 남은 와인의 산화를 늦춰 최상의 상태로 보관하고 싶다면 와인 키퍼를 구비해 두면 정말 편리합니다.

편하게 사용할 수 있게끔 만들어 두는 것은 꽤 중요한 포인트입니다. 대부분의 사람들이 하루의 피로를 달래기 위해서 즐겁게 와인을 마시는 건데, 굳이 T자형 와인 오프너로 얼굴까지 빨개져 가며 악전고투를 벌이고 싶진 않겠죠.

그런 건 차차 구입해도 크게 문제가 되지 않습니다.

하지만 어쩌다 마시는 술로 여겼던 와인을 맘먹고 하나의 취미로 시작하려 한다면 가장 먼저 손에 넣어야 할 아이템이 바로 와인 잔입니다.

디캔터Decanter*나 와인 쿨러Wine cooler** 같은 아이템은 우선은 크게 중요하지 않으니 제쳐 두고 와인 잔만큼은 반드시 좋은 제품으로 구매해야 합니다.

천원 숍에서 구매한 것이나 답례품으로 받은 것으로 대체해선 안 됩니다. 아니 꼭 안 된다는 것은 아니지만 당장 얼마 아끼자고

---

* 디캔터 : 와인의 침전물을 걸러내거나, 향을 풍성하게 하기 위해 와인을 옮겨 담는 용기.
** 와인 쿨러 : 얼음을 넣어 와인을 차갑게 만드는 용기로 아이스 버킷, 와인 칠러라고 함.

조금 저렴한 쪽을 택하면 오히려 엄청 손해를 보는 겁니다.

알맞은 와인 잔만 갖고 있어도 와인의 값어치가 만 원, 2만 원 더 비싼, 한 단계 위의 와인처럼 맛이 좋게 변한답니다.

그럼 어떤 와인 잔이 좋을까요?

와인 잔도 마니아급으로 깊이 파고 들어가면 보르도 와인용, 부르고뉴 와인용, 샴페인용 등 잔의 종류가 아주 다양하고, 각각 와인의 특성을 제대로 담아내는 형태로 되어 있습니다. 만약 조금 비싸더라도 좋은 제품을 구입할 의향이 있다면, 와인 도구 전문 회사인 '리델'이나 '즈위젤' 같은 유명 브랜드가 종류도 다양하고 품질도 우수합니다.

다만 좋은 와인 잔은 그 특성 때문에 고급 제품일수록 깨지기 쉽습니다. 익숙해질 때까지는 와인 잔을 씻다가 살짝 부딪혀 깨지는 일도 종종 발생합니다.

그래서 필자는 솔직히 고급 와인 잔도 욕심은 나지만, 되도록 큰 사이즈에 유리가 얇은 디자인이면 그리 비싸지 않아도 사용할 때 부담스럽지 않은 제품이 좋다고 봅니다. 좀 더 쉽게 설명하면 와인 잔 입구 크기가 입에서 콧부리까지 쏙 들어갈 정도라면 대체로 와인을 즐기는 데에 큰 문제는 없을 겁니다.

커다란 와인 잔에 레드 와인이나 화이트 와인을 쪼르륵 따라 놓으면 분위기도 근사하게 보일뿐더러, 입 안에 닿는 질감도 한층 부드러워지고 무엇보다 잔에 머무는 향기가 전혀 달라집니다. 살며시 코에 착 감긴다고나 할까요.

엉터리 와인 잔과 비교를 해보면 와인의 맛이나 향기의 차이가 확연하게 다르다는 것을 느낄 수 있습니다. 와인을 특별히 좋아하지도 싫어하지도 않았던 사람 중에는 와인 잔만 바꿨을 뿐인데 '우와, 와인이 이렇게 맛있었나…….' 하고 다시 생각하게 됐다는 사람이 많습니다.

틀림없이 와인 잔 속에 포도 캐릭터들이 존재해서 그럴 겁니다.

와인 잔 안으로 코를 쏙 넣고 눈을 살며시 감은 채, 품종의 고유한 매력을 마음의 눈으로 관찰해 보길 바랍니다.

좋은 와인 잔은
포도의 특징을 한층 돋보이게 해준다.

다양한 전용 와인 잔

카베르네 소비뇽

피노 누아

샤르도네

메를로

리슬링

샴페인

보관
stockage

냉장고에 보관하고 마실 때는 미리 꺼내 두자.

와인은 레드든 화이트든 냉장고에 넣어 두면 좋습니다.

와인에 까다로운 분들은 냉장고에 보관하면 너무 차가워진다든가, 건조해진다든가, 이런저런 엄격한 기준을 말씀하실지도 모르지만 그렇게 해도 괜찮습니다.

왜냐고요? 그야, 그렇게까지 고급 와인은 아닐 거 아닙니까.

아니라고요? 고급 와인이라고요? 10만 원이 훌쩍 넘는 데다가 장기 숙성이 가능한 와인이라는 건가요? 그런 보물을 손에 넣었다면 고민하지 말고 바로 와인 셀러를 구매해서 그 안에 보관합시다.

와인 셀러는 셀러브리티 전용으로 나온 니치 상품이 아닙니다. 이제는 와인 셀러도 종류가 아주 다양합니다. 4병이나 6병을 보관하는 작은 크기의 제품은 자리도 많이 차지하지 않고 가격 부담도 적기 때문에 이번 기회에 사라고 말하고 싶네요.

하지만 그렇게까지 고급 와인이 아니라면 냉장고 야채칸에 넣어도 문제없다고 봅니다. 여름이 아니라면 상온에 둬도 괜찮습니다. 집에서 즐기는 정도라면 그렇게 보관해도 문제는 없습니다. 다만 레드 와인과 화이트 와인은 각각 맛있는 온도가 다르기 때문에 냉장고에서 꺼내는 타이밍에 차이를 두는 방법을 추천해드립니다.

일상적으로 마시는 화이트 와인은 청량하고 상큼한 맛을 즐기고 싶을 테니 확실히 차갑게 칠링하는 편이 좋겠지요. 그래서 마시기 직전에 냉장고에서 꺼내면 좋습니다.

하지만 향이 풍부하고 농도가 짙은 5만 원 이상의 좋은 화이트 와인은 너무 차갑게 해서 마시면 맛도 향도 제대로 발휘되지 않습니다. 이런 와인은 마시기 전에 미리 테이블 위에 꺼내 놓고 약간 온도가 올라가게 해두면 좋습니다.

그럼 레드 와인은 어떻게 해야 할까요? 레드 와인은 상온에 두고 마셔야 한다는 속설을 아직도 믿고 있는 사람이 있나요.

상온이라는 건 꽤 미지근한 온도이죠. 와인의 본고장인 프랑스는 기후가 서늘하기 때문에 상온이라 해도 허용 가능 범위의 온도일 테지만 한국 같은 여름 날씨라면 방에 가만히 놔둬도 20도는 족히 넘을 것입니다. 따뜻하니까 건강에는 좋겠지요. 하지만 맛있지는 않습니다.

그래서 레드 와인도 냉장고에 넣어 두고 ==마시기 10분 정도 전에 미리 꺼내 놓으면 좋습니다.== 바로 구매한 상온의 와인이라면 30분 정도 냉장고에 넣어 두면 됩니다. 그렇게까지 오래 못 기다리겠다 싶으면 얼음물을 가득 넣은 양동이나 아이스 버킷 속에 와인병을 담가 1분 정도 빙글빙글 회전시켜 줍니다. 그 정도 시간이면 마시기 적당한 온도가 될 겁니다.

하지만 개인적으로 이런 생각도 듭니다. 소믈리에 같은 프로라면 몰라도 보통 사람이 편하게 집에서 데일리 와인을 마실 땐 온도 관리까지 굳이 신경 쓰지 않아도 된다고. 물론 그런 걸 좋아한다면 말리지는 않겠지만, 만약 온도 관리가 번거롭다면 추천하지 않습니다. 자신이 맛있다고 느끼면 정식 방법이 아니어도 상관없습니다.

와인을 바로 차갑게 하려면 잔에 얼음을 넣어서 온더록스로 마시거나, 추운 날에는 따뜻하게 데워서 뱅쇼를 만들어 마셔도 됩니다. 좀 더 상쾌하게 마시고 싶은 날에는 화이트 와인과 탄산수를 반반씩 섞어서 마시는 스프리처라는 칵테일도 추천합니다.

세계적인 관점에서 보면 와인은 본래 티셔츠나 청바지 같은 캐주얼한 술입니다. 정해진 규칙에 얽매이지 않고 마시는 사람이 좋아하는 방식대로 즐기면 되는 겁니다.

참고로 한번 개봉한 와인은 코르크 마개나 스크루 캡으로 병을 막아 두면 다다음 날까지는 맛있게 마실 수 있습니다.

만약 와인 키퍼나 스토퍼를 갖고 있어서 마시고 남은 와인병 속의 공기를 다 뽑아 두었다면 3, 4일은 최상의 상태로 보관할 수 있을 겁니다. 그 이상으로 날짜가 지났다면 요리용 와인으로 사용하도록 합시다. 그리고 그 요리에 어울리는 새로운 와인을 다시 사 오는 것도 와인을 즐기는 근사한 방법이겠죠.

온도에 각별한 주의를 기울이면 좋지만, 번거롭다면 신경 쓰지 않아도 괜찮다.

마실 때에 적절한 온도

- 무거운 레드 와인 15~17℃
- 가벼운 레드 와인 12~14℃
- 농도가 짙은 화이트 와인 8~10℃
- 상큼한 화이트 와인 & 달콤한 화이트 와인 5~7℃

덥다-

와인의 기본

매너
manières

소믈리에와 대화를 해보자.

레스토랑에서 와인을 주문하는 것은 의외로 간단합니다.

무엇을 선택해야 좋을지 잘 모르겠다면 직원에게 요리와 잘 어울리는 와인 후보를 추천해 달라고 합니다. 그러고 나서 앞에서 설명한 여섯 품종과 비교해 보며 자신의 취향에 맞는 것을 고르면 됩니다.

여기까지는 OK인가요?

그럼 한 단계 더 나아가 봅시다. 조금 고급 레스토랑에서 와인을 병으로 주문하면 소믈리에가 정중하게 와인을 가지고 와서 모두에게 라벨을 보여 줄 겁니다.

간단히 설명하면 '당신이 주문한 와인이 이게 맞습니까?' 하고 묻는 의미입니다. 라벨을 확인하고 가볍게 고개를 끄덕이면 소믈리에는 익숙한 손놀림으로 와인을 개봉합니다.

그러고 나서 잔에 쪼르륵하고 와인을 조금 따르고 그 테이블의 주최자나 리더로 보이는 손님을 포착해서 눈빛으로 마셔 보라는 신호를 보낼 겁니다.

그 신호를 받은 사람이 어떻게 해야 하냐면 <mark>향을 살며시 맡아 본 다음, 한 모금 마시고 나서 '좋습니다, 이걸로 부탁합니다.'라고 답하면 됩니다.</mark>

이 행위를 <u>호스트 테이스팅Host tasting</u>이라고 합니다. 주위 사람들에게 자신의 미각이 얼마나 섬세한지를 뽐내는 시간이 절대 아닙니다. 손님이 나중에 맛이 이상하다든가 바꿔 달라는 등의 불만을 제기하지 못하게 하려는 일종의 정해진 의식 같은 것입니다.

왜 의식 같은 것이라고 설명했냐면 시음한 손님이 할 수 있는 말은 거의 예외 없이 '네, 이걸로 주세요.'라는 이 한 마디밖에 없기 때문입니다.

물론 맛이 이상할 때도 있습니다. ==코르크에 곰팡이가 생겨서 변질된 상태를 '부쇼네' 혹은 '코르키'==라고 하는데, 간단히 말하면 운 나쁜 꽝 와인입니다.

이 부쇼네는 100병 중 1병의 확률로 나올 수 있다고 하는데, 초심자는 웬만해선 알지 못하고 지나치기도 합니다.

그러니 혹시라도 조금 이상하다 싶을 땐, '이 와인은 원래 이러한 풍미인가요?' 하고 조심스레 물어보는 것도 좋은 방법입니다. 손님에게 그런 질문을 받으면 소믈리에는 맛을 확인합니다. 확인한 후에 '당연히 이런 맛이지, 무슨 소리야! 미각이 이상한 거 아니냐!'며 화를 낼 리 만무하니 걱정하지 마세요. 부쇼네가 아니라면 설명을 할 것입니다. 만에 하나 부쇼네가 맞는다면 정중하게 사과하고 다른 것으로 바꿔 줄 겁니다.

하지만 소믈리에인 필자도 지금껏 몇천, 아니 몇만 병의 와인을 개봉했지만 부쇼네라고 느낀 적은 한 번도 없었고, 누군가에게 부쇼네라는 지적을 받은 적도 없었습니다.

　개중에는 부쇼네가 있었을 수도 있지만, 부쇼네도 그 정도로 미약하면 거의 모르고 지나치는 경우가 있습니다. 만약 얼굴을 찌푸릴 정도로 심하게 오염된 부쇼네에 당첨되었다면 어떤 의미에선 운이 좋은 걸지도 모릅니다. 만일 실제로 자신이 구매한 고급 와인이 부쇼네라면 꽤 큰 충격을 받아 엄청 의기소침해질 테지만 말이죠.

　참고로 소믈리에와 대화할 때 본인의 얕은 지식이 들통나지 않으려고 일부러 경계하는 자세를 취하는 것인지, 조금 쌀쌀맞은 태도로 대하는 손님이 꽤 많습니다.

　그런 태도를 내비치면 자신이 추천하는 와인을 손님이 즐겁게 마시길 바라는 소믈리에의 입장에선 조금 쓸쓸해집니다.

　'고마워요.' 또는 '맛있네요.'라고 한마디를 덧붙이는 것만으로도 분위기가 편안해집니다. 그러면 소믈리에도 그 와인을 추천하게 된 이유나 가벼운 와인 상식을 이야기하기 훨씬 쉬워집니다. 손님이 와인을 마음에 들어 할지 어떨지 소믈리에도 내심 두근두근하고 있거든요.

Point 먼저 마음을 열면
소믈리에는 유익한 이야기를 들려 준다.

음식 매칭
mariage

식사에 와인을 곁들여 보자.

달콤한 디저트 와인을 제외한 나머지 와인은 식사에 곁들일 수 있습니다.

그래서인지 '식사를 돋보이게 하는 들러리 역할'로 생각되기도 합니다.

그리고 음식과 와인의 조화를 <u>마리아주(결혼)</u>라고 표현하는데 이건 말도 안 됩니다.

필자에겐 정반대로 보입니다. 음식이야말로 와인을 돋보이게 하는 들러리 역할이라 할 수 있죠. 이를테면 와인이 아이돌이라면 음식은 매니저라든가 아무리 잘해 봐야 프로듀서 정도입니다. 그렇기 때문에 결혼 같은 걸 그리 간단히 해선 안 됩니다.

……아, 이런 생각은 필자의 쓸데없는 망상에 지나지 않을지도 모르겠지만, 어쨌든 이러니저러니 해도 ==음식이 있기에 와인도 존재하는 것이라서, 와인과 음식을 어떻게 매치시키느냐가 매우 중요한 일입니다.== 조화가 잘 이루어지면 음식의 맛뿐만 아니라 와인의 맛까지도 월등히 좋아지니까요.

그럼 어떤 음식과 어떤 와인이 잘 어울리는 조합일까요?

이런 판단력을 기르기 위해서는 살면서 먹고 마시며 습득하는 미식 경험으로 익히는 것도 방법이지만, 그렇게까지 하지 않아도 간단하게 터득할 수 있는 세 가지 법칙이 있습니다.

<mark>첫 번째 법칙, 색이 유사한 것끼리 한데 모아 주기.</mark>

와인과 음식의 '색'을 맞추면 대체로 서로 궁합이 좋습니다.

레드 와인이라면 빨간색을 연상시키는 육류라든가, 붉은 계열의 소스를 사용하는 요리. 화이트 와인이라면 흰색이 연상되는 채소나 생선 같은 재료와 잘 어울립니다.

이게 기본적인 법칙이지만 레드 와인 중에서도 특히 타닌이 풍부하다면 갈색, 화이트 와인 중에서도 품종이 **소비뇽 블랑**일 때는 녹색이란 이미지가 떠오르는 경우도 있습니다.

그리고 고기는 레드, 생선은 화이트라는 생각에 얽매이지 말고, 같은 닭꼬치라도 소스가 진하면 레드, 심플하게 소금으로만 간을 했다면 화이트가 어울리며, 생선 요리라도 고등어 간장 조림이라면 레드, 고등어 소금구이라면 화이트가 더 잘 어울릴 수 있습니다.

'왠지 모르겠지만 이 색이랑 잘 어울릴 것 같아.'라는 식으로 대략 파악해 두면 좋습니다.

<mark>두 번째 법칙, 맛이 비슷한 것끼리 모아 주기.</mark>

예를 들면 **시라**라는 품종은 후추 같은 풍미가 강하기 때문에 후추로 맛을 낸 육류 요리와 잘 어울립니다. **소비뇽 블랑**은 대파 같은 풍미가 느껴지기 때문에 파를 사용하는 일본의 교토 요리처럼 맛이 섬세한 음식과 잘 어울립니다.

세 번째 법칙, 맛이 서로 극과 극인 것끼리 모아 주기.

우유 비린내가 느껴지면서 짠맛이 강한 블루치즈는 당도가 높고 신선한 과일 향이 매력적인 리슬링 와인에 곁들이면 서로 대조적인 독특한 풍미를 즐길 수 있습니다. 이게 또 예상외로 은근히 잘 어울립니다. 블루치즈를 넣어 만든 고르곤졸라 피자에 꿀을 찍어 먹으면 더 맛있지 않습니까? 그와 비슷한 방식이라고 보면 됩니다.

참고로 동남아시아의 에스닉한 요리에서 많이 볼 수 있는 시큼한 요리와 매콤한 요리는 기본적으로 와인과는 잘 어울리지 않습니다. 괜히 무리해서 어울릴 법한 와인을 찾아보려고 노력하지 말고 무난하게 맥주나 다른 음료를 고르시기 바랍니다.

그런 의미로 오늘 저녁 식사에서 와인을 선택할 때는 대략 유사한 색, 비슷한 맛, 상반되는 맛이라는 기준에 맞춰서 골라 보면 어떨까요? 분명 크게 실패할 일은 없을 것입니다.

이런 감각을 터득하면 식사 시간이 점점 즐거워질 겁니다.

근사한 야경이 내려다보이는 레스토랑에서 얼굴색 하나 변하지 않고 식사 메뉴에 어울리는 와인을 척척 고를 수 있게 된다면, 어떤 비호감 덕후라도 한순간에 카리스마 넘치는 사업가로 보일지 모릅니다. 어쩌면 그렇게 안 보일 수도 있겠지만요.

좋은 조합은 서로의 매력을 극대화시킨다.

제2장

구세계

프랑스·이탈리아·스페인·독일

구세계 와인은 복합적이고 섬세하다.

프랑스

Française

프랑스 와인을 마셔 보자.
두 병 중에서 한 병은

품종에 따라 맛이 어떻게 다른지 궁금하다면 구세계 와인보다 신세계 와인을 추천합니다. 미국, 호주, 칠레 같은 신세계 지역에선 단일 품종 와인을 더 많이 생산합니다.

만약 예산이 2만 원인 경우, 실패하지 않고 잘 고르기 위해서는 단연 구세계 와인보다는 신세계 와인 중에서 고르는 것이 무난합니다.

하지만 와인의 진정한 즐거움이나 훌륭함을 경험하려면 두말할 것도 없이 프랑스 와인을 마셔 봐야 합니다.

에반게리온만 알고 있어도 90년대 애니메이션은 어느 정도 파악된 것처럼 느껴지듯이, ==프랑스 와인만 잘 배워 놓으면 전 세계에 존재하는 와인을 두루 섭렵한 것 같은 기분==이 듭니다.

왜냐면 프랑스 와인에는 모든 종류가 다 있기 때문입니다.

레드 와인 중에서 가장 기본적이고 유명한 것이 보르도 와인과 부르고뉴 와인입니다. 하지만 프랑스에는 그것 말고도 훨씬 다양하고 우수한 레드 와인이 무수히 존재합니다.

프랑스 전역에서 와인이 대량으로 생산되고 있으며, 고급 와인부터 저렴한 와인까지 손쉽게 구할 수 있습니다. 게다가 프랑스에는 온갖 종류의 특징적인 와인이 많습니다. 모든 장르의 와인이 다 있다고 볼 수 있어요. 오해를 낳을 수 있는 표현이라 걱정은 되지만 그래도 감히 언급하자면, 다른 나라의 와인은 프랑스에 있는 지역 어딘가를 베꼈다고 해도 과언이 아닐 것입니다.

역사 또한 어마어마하게 오래됐습니다. 기원전 600년경부터 시작되었다는 것만 봐도 대단하지 않습니까? 몇천몇백 년 동안 축적된 장대한 시간, 그리고 와인 생산자들의 피, 땀, 눈물…….

와인 한 병 속에는 그런 눈에 보이지 않는 가치들이 담겨 있기도 합니다.

그리고 맛에 기품이 있습니다.

필자에게 기품이 없어서 그런지, 더 절실히 통감하게 됩니다. 물론 프랑스 와인도 품질은 천차만별이지만, 좋은 와인을 입에 한 모금 머금은 순간만큼은 뭐라 형언하기 힘들 정도로 큰 감동을 받습니다.

마치 내면에 숨겨져 있던 아름다움이 겉으로 배어나, 우아하고 그윽한 잔향이 은은하게 풍기는 것처럼 말이죠.

어설픈 신세계 와인이라면 이런 정서는 느끼기 힘듭니다. 신세계 와인은 한 모금에 바로 '과일 맛이 팡팡!' '알코올이 퍽!' 와닿는 만인이 좋아하는 팔방미인 타입이죠(이런 게 또 매력이긴 합니다).

하지만 제대로 된 프랑스 와인은 다릅니다. '아아… 우아하네요'라는 느낌이 듭니다. 도회적이고 세련된 맛이죠. 실제로 프랑스 사람 자체가 그런 분위기를 갖고 있어서 와인도 그런 것이겠죠. 부러울 따름입니다.

　물론 필자의 개인적인 생각도 들어있지만, 프랑스 와인에 대한 신뢰도는 세계적으로 높습니다. 아마도 그 이유는 전통적인 맛을 지키고 유지하기 위해서 와인 생산자가 맘대로 만들 수 없도록 원산지 통제 명칭 AOC(AOP)를 시작으로 수많은 엄격한 '와인 법률'이 존재해서 그럴 겁니다.

　그리고 규정된 법률을 제대로 지키는 것은 물론이고 그 안에서 건전한 경쟁이 생겨나 더욱더 품질이 높아지고 있습니다.

　프랑스 와인의 가장 큰 매력은 복합적이면서도 섬세한 맛과 향입니다.

　그래서 지금껏 와인을 별로 마셔 본 적이 없는 사람에게 갑자기 고급 프랑스 와인을 맛볼 기회가 생겼다 할지라도, 안타깝지만 그 와인의 온전한 매력을 제대로 느끼지 못할 겁니다. 오히려 '뭐야, 기대보다 별거 아니잖아'라고 실망하게 될 소지가 다분합니다. '고급 와인인데 이 정도밖에 안 되는 건가?'싶어, 와인에서 멀어져 버린 사람도 적지 않을 겁니다.

　하지만 와인을 좋아해서 꾸준히 마시다 보면 결국에는 프랑스 와인에 다다르게 됩니다.

　프랑스 와인에는 기술만으로는 도저히 만들어 낼 수 없는 무언

가가 담겨 있습니다.

  그만큼 오묘한 매력을 갖고 있기 때문에 '혀의 경험치가 이제 좀 높아졌나?' 하고 느껴질 때마다 프랑스 와인을 마셔 보길 바랍니다.

프랑스 와인을 이해하면
전부 이해한 것 같은 기분이 든다.

프랑스 보르도 지방

Française Bordeaux

보르도 하면 중후한 레드 와인을 떠올리자.

보르도는 프랑스의 지방 이름입니다. '물가'라는 의미의 옛말에서 유래했습니다.

이름 그대로 보르도는 강 부근에 넓게 펼쳐진 유명 와인 산지입니다. 강을 효율적으로 활용하는 와인 수출 정책이 잇달아 시행되었고, 성공적으로 와인을 전 세계에 널리 확산시키면서 단번에 유명해졌습니다.

보르도 지방이 얼마나 유명하냐고요? 이차원 아이돌 캐릭터에 비유하면 아이돌 마스터*나 러브 라이브! 또는 월간 아이돌이라 할 수 있을 정도로 부동의 인기를 누리고 있으며, 부르고뉴 지방과 쌍벽을 이루는 존재입니다.

보르도 지방 하면 묵직한 레드 와인이 유명합니다.

가령 혀가 꼬일 정도로 잔뜩 술에 취한 어떤 부자가 고급 프렌치 레스토랑에서 '뭐든지 좋으니까 가장 묵직한 와인으로 가져다 줘요!' 하고 큰 목소리로 주문했을 때, 소믈리에는 아주 높은 확률로 몇십만 원이 훌쩍 넘는 보르도 와인을 꺼내올 것이 틀림없습니다.

보르도 와인은 와인의 여왕이라는 별명이 있지만 여왕치고는

---

* 아이돌 마스터THE IDOLM@STER : 가상 아이돌 육성 프로젝트 게임. 플레이어가 프로듀서가 되어 아이돌을 육성하고 인기 아이돌로 성장시켜 랭킹을 겨루는 인기 게임.

골격이 튼실하게 잡혀 있고 떫은맛이 강해서 오히려 남성적이라는 인상을 주기도 합니다.

그런데 보르도 와인의 훌륭한 점은 단순히 묵직하고 남성스러운 풍미에 그치지 않습니다. 진면목은 우아하고 복합적인 맛을 이끌어내는 '장기 숙성 와인'이라는 점입니다.

여기서 너무 저렴한 보르도 와인을 추천하지 않는 것도 그러한 이유 때문입니다. 판매 가격이 최소 5만 원 정도는 돼야 기본적으로 장기 숙성 과정을 잘 견뎌낸 좋은 와인을 살 수 있습니다.

'와인은 포도 주스 맛에 가까울수록 더 맛있어'라고 느끼는 사람에겐 필요 없겠지만, 장기 숙성을 거쳐 탄생한 오묘하고 복합적인 풍미를 일단 한번 경험하게 되면 '아, 이게 바로 와인이라는 건가……' 하고 와인에 대한 생각이 바뀌게 될 겁니다.

요컨대 장기 숙성은 단번에 알기 힘든 난해하면서도 좋은 맛, 즉 어른 입맛에 맛있는 와인을 만들어 냅니다. 게다가 장기 숙성을 거치면 알코올의 강한 맛이 한층 부드러워집니다.

어째서 보르도 지방은 장기 숙성이 가능한 묵직한 레드 와인을 만들 수 있는 것일까요?

그 이유는 축복받은 기후 덕분에 타닌이 매우 강한 카베르네 소비뇽을 재배할 수 있고, 오래전부터 경험과 기술을 바탕으로 치열하게 경쟁해 온 와인 생산자들이 보르도라는 와인의 성지에 집중되어 있기 때문입니다.

각 나라의 와이너리들이 아무리 흉내 내려고 해도 결코 보르도에는 범접할 수 없을 겁니다.

그러한 연유로 보르도 지방의 와인은 단연 세계 탑 브랜드라 할 수 있습니다. 브랜드 지향이 강할 뿐 아니라 등급(랭킹) 또한 최상품으로 인정받고 있습니다.

보르도 지방 중에서도 특히 메도크 지역은 샤토라 불리는 특정 포도원마다 1등급부터 5등급까지 등급을 매기고 있습니다. 이 등급은 파리 만국 박람회가 개최되었던 시기에 '관광객용으로 이해하기 쉬운 자료가 있으면 좋겠다'는 나폴레옹 3세의 발상에서 시작되어 그 당시 와인 중개인들이 제작한 와인 가이드였으나, 몹시 호평을 받아 오늘날까지 이르게 된 것입니다.

특히 '5대 샤토'라고 불리는 1등급 와인인【샤토 라투르Château Latour】【샤토 라피트 로트칠드Château Lafitte-Rothschild】【샤토 마르고 Château Margaux】【샤토 무통 로트칠드Château Mouton-Rothschild】【샤토 오 브리옹Château Haut Brion】의 가치는 세계적으로도 공인되어 있습니다.

그리고 전 세계를 통틀어 몇십만 종류나 되는 수많은 와인들 중에서 오늘날 5대 샤토의 지명도는 정점에 올라 있습니다. 이를테면 명예의 전당에 오른 메이저리그 선수와도 같은 맥락으로

프랑스 | 보르도 지방

볼 수 있기 때문에, 이 세상에 와인이 존재하는 한 5대 샤토는 결코 잊힐 일이 없을 겁니다.

성대하게 축하할 일이 생겼거나, 갑자기 로또에 당첨돼서 '비싼 와인을 마셔 보고 싶다'는 생각이 들 땐 5대 샤토 와인을 참고해서 선택하면 좋을 것 같네요.

다만 짚고 넘어가야 할 점이 있는데, 앞에서 설명한 등급제는 '1855년' 당시에 지정된 등급 분류라는 겁니다.

100년도 더 훨씬 전에 와인 업계에서 호평을 받았던 와인을 포함해, 당시 높은 가격에 거래되었던 순으로 매겨 놓은 이 등급 분류는 단 한 번 1973년에 등급 재심사가 있었을 뿐, 이후 쭉 부동의 상태를 유지하고 있습니다. 단 한 번의 재조정 심사가 있었을 때 【샤토 무통 로트칠드】가 1등급으로 승격했을 뿐, 모 아이돌 그룹의 총선거처럼 등급이 해마다 정기적으로 재정비되는 건 아닙니다.

당연히 상위 등급의 샤토는 다년간 쌓아 온 명성에 대한 긍지와 자부심을 갖고 있을 테고, 그만큼 적잖은 돈을 들여 만들었을 테니 맛이 없을 리가 없겠죠. 다만 가격에 필적할 만한 맛인지 어떤지는 잘 모르겠습니다. 아니 어쩌면 평판 그대로 위대한 와인일 수도 있습니다. 그런 미스터리한 점이 와인의 매력 중 하나라고 할 수 있겠죠.

어찌 됐든 낮은 등급의 샤토 와인이 높은 등급의 샤토 와인보다 더 맛있거나, 가격이 비싼 경우도 얼마든지 있습니다. 이런 건 흔한 일이기 때문에 크게 신경을 쓰지 않아도 됩니다.

보르도 와인은 등급도 가격도 천차만별이어서 고급 와인 전문점은 물론 백화점이나 마트, 소규모 주류 판매점, 동네 술집 등 어디서나 쉽게 찾아볼 수 있습니다.

가끔 '샤토 어쩌고저쩌고'라는 이름의 와인을 볼 수 있는데 샤토(CHÂTEAU/CH)라고 쓰여 있는 와인은 일부를 제외하고 보르도 지방에서 나는 와인입니다.

와인에서는 샤토라는 단어가 양조장을 의미하지만 본래는 성, 저택이란 뜻입니다. 그만큼 엄청나게 큰 규모의 포도원과 양조장에서 만든 거다!라는 뉘앙스의 거만함이 담겨 있는 거라나 뭐라나. 그리고 라벨에 일부러 '샤토 어쩌고'라는 이름이나 로고를 내세우고 있는 와인은 그 샤토에서 생산한 와인 중에서도 최우수 상품을 의미합니다.

품종의 배합으로 위대한 레드 와인을 만든다.

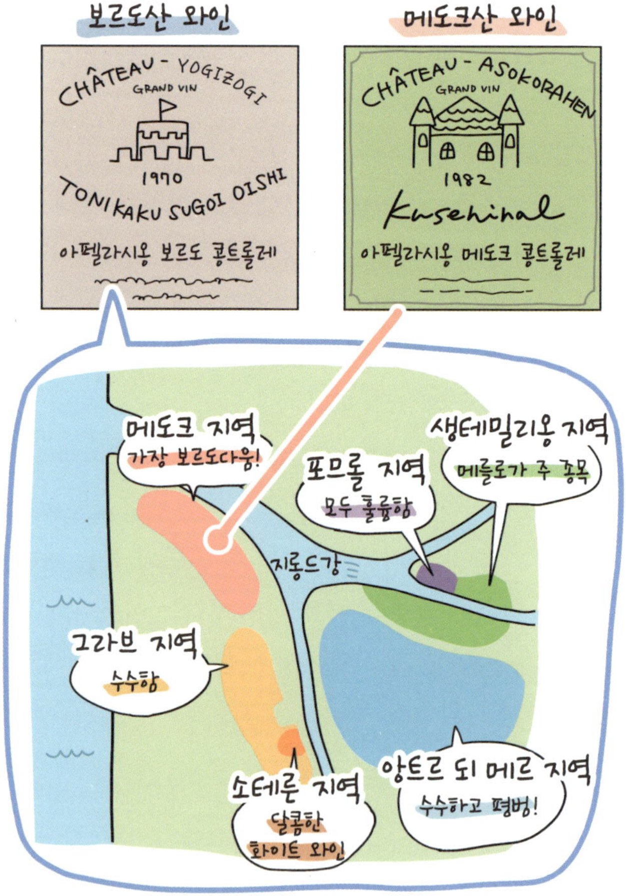

※ 아펠라시옹Appellation은 명칭, 콩트롤레Contrôlée는 통제·관리라는 의미로 와인의 생산지를 표시할 때는 법에 따라 허가를 받아야 함. 보르도에서 생산된 와인은 아펠라시옹 보르도 콩트롤레, 부르고뉴에서 만들어진 와인은 아펠라시옹 부르고뉴 콩트롤레라고 표기.

프랑스 보르도 지방

Française Bordeaux

【주요 품종】

'보르도 블렌딩'으로 불리는 황금 조합

메를로
Merlot

R

차분한 성격으로 주변을 잘 돌보는 캐릭터. 타닌과 산도가 낮은 편이라 부드러운 것이 특징.

카베르네 소비뇽
Cabernet Sauvignon

R

어떤 역할이 주어져도 완벽하게 소화를 해내는 우등생. 타닌이 풍부한 레드 와인의 주요 캐릭터.

세미용
Semillón

W

뭘 하든지 어설픈 실수투성이라 보호 본능을 자극하는 여학생. 산도가 낮고, 맛이 부드러워서 마시기 편함.

카베르네 프랑
Cabernet Franc

R

모두를 서포트하는 신스틸러. 다른 품종과 블렌딩하면 우아한 맛이 한층 더 해짐.

Médoc

프랑스 보르도 지방에 위치한 메도크 지역

**보르도 와인이 마음에 들었다면
다음엔 '메도크' 와인을 마셔 보자.**

보르도 지방 내에서 메도크 지역은 이를테면 도쿄도 내에 있는 중앙구, 신주쿠구, 세타가야구 같은 이미지입니다. 한국으로 예를 들면 서울특별시 안에 있는 중구, 강남구, 성북구 같은 이미지라고 보면 됩니다.

일부러 지역을 한정해서 표기까지 했을 정도니

Appellation(아펠라시옹) Bordeaux(보르도) Contrôlée(콩트롤레)

보다는 당연히

Appellation(아펠라시옹) Médoc(메도크) Contrôlée(콩트롤레)

이렇게 쓰여 있는 쪽이 좀 더 고급 와인입니다.

메도크 지역은 보르도 와인 하면 떠오르는 묵직하고 중후한 이미지를 한층 부각시켜 '가장 보르도다운 맛'을 낸다고 할 수 있죠. 세계적으로도 보르도 블렌딩이라 불려서 친숙해진 카베르네 소비뇽, 메를로, 카베르네 프랑, 이 세 가지 대표 품종을 섞어서 만든 와인입니다. 소믈리에의 입장에서 봐도 '역시~ 레드 와인의 진면목을 아주 잘 파악해서 훌륭한 맛을 이끌어 냈군요' 같은 감상에 빠지는 맛입니다. 특히 안정적인 밸런스가 끝내줍니다.

그리고 무엇보다 특별한 것은 1등급으로 인정된 5대 샤토 중 4개의 샤토가 메도크 지역에 있다는 것입니다. 【샤토 라투르 Château Latour】【샤토 라피트 로트칠드 Château Lafitte-Rothschild】【샤토 마르고 Château Margaux】【샤토 무통 로트칠드 Château Mouton Rothschild】가 모두 메도크에서 제조될 정도이니, 이 지역의 인기는 매우 높습니다.

그러나 5대 샤토는 페라리나 포르쉐 같은 존재입니다. 지명도는 탑 클래스이지만 일반 서민이 좀처럼 손에 넣을 수 없는 진귀한 물건이기 때문에 그냥 '나는 5대 샤토를 알고 있다'는 것으로 충분합니다.

5대 샤토 같은 고급 와인보다 가격 부담도 적고 맛도 훌륭한 와인이 있습니다.

그런 와인을 고르는 기준 중 하나로 참고하면 좋은 것이 바로, 와인에 마을 이름이 적혀 있는지를 확인하는 것입니다. 메도크 지역에는 여러 유명한 마을이 있습니다. 그중 이름을 라벨에 표기할 수 있는 마을은 다음 여섯 곳입니다.

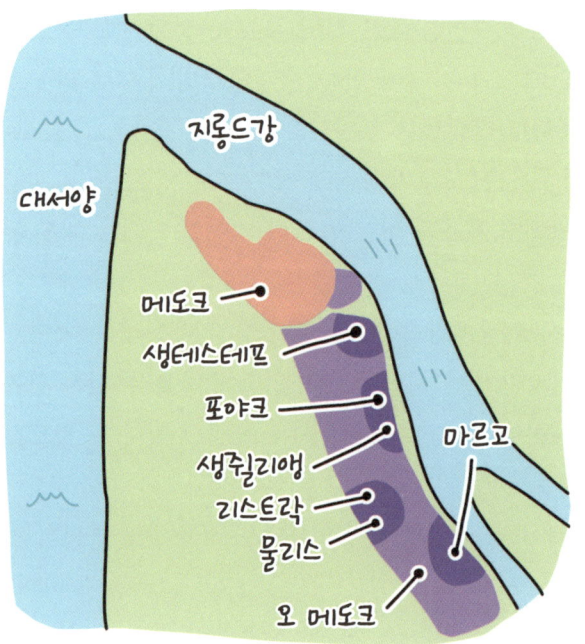

- 생테스테프 Saint-Estèphe
- 포야크 Pauillac
- 생쥘리앵 Saint-Julien
- 마르고 Margaux
- 리스트락 Listrac
- 물리스 Moulis

여섯 마을 와인은 모두 수준이 높습니다. 예를 들어서 라벨에 Appellation(아펠라시옹) Pauillac(포야크) Contrôlée(콩트롤레) 이런 식으로 쓰여 있으면 5만 원 이상 되는 고급 와인 확정입니다. 그러니 만약 이 정도 등급(마을 이름 표기)의 와인을 선물로 받았다면 '아니, 이렇게 고급 와인을……' 하고 놀라는 행동을 취해 봅시다. 상대방은 '아니야 아니야, 뭐 그렇게 좋은 와인은 아니야'라고 말하겠지만 내심 기뻐할 게 분명합니다.

고급 와인에 속하지만 5대 샤토 와인처럼 가격이 그렇게 고가는 아닙니다. 저렴한 보르도 와인을 사면서 계속 실패할 바에는 그에 상응하는 비용을 지불하고 맛있는 보르도 와인을 마시자는 것이 필자의 지론입니다.

그렇다면 각 마을의 차이점을 살펴봅시다.

앞서 말한 1등급 와인을 보유한 포야크 마을은 【샤토 라투르】【샤토 라피트 로트칠드】【샤토 무통 로트칠드】로 유명하고, 마르고 마을은 【샤토 마르고】로 유명합니다. 아니, 정말 너무나 유명합니다.

그럼 각 마을의 특징은 무엇인가? 유명한 마을이라 해도 작은 면적의 단위까지 좁혀 놓고서 그 맛에 차이가 있는지 없는지를 물으면, 필자의 대답은 '차이가 없는 것 같다'입니다.

요컨대 아무리 와인 선택에 까다로운 재벌이라도 '오늘 밤엔 생쥘리앵 와인보다는 생테스테프 와인을 마시고 싶다'는 식으로 말하지는 않을 테니까요.

이렇게까지 세분화되면 토양의 차이(포도의 품질이나 작황의 차이)라고 보기는 힘들고, 만드는 사람(브랜드)의 차이라고 판단해야 할 것입니다. '샤토 라투르 와인을 마시고 싶다'고 말할 수는 있겠지만 '포야크 와인이 마시고 싶다'고 말하는 경우는 거의 없습니다.

그리고 메도크의 남쪽 지역 중, 앞서 언급한 유명한 여섯 마을을 제외한 곳을 오 메도크 Haut Médoc 지역이라 표시합니다.

여섯 마을이 너무나도 유명한 탓에 오 메도크 지역도 '무시할 수는 없는 와인 산지'라는 말을 정말 많이 듣습니다. 그런데 그렇게 불리는 것을 보면 필시 오 메도크 지역을 우습게 생각하는 사람이 많은가 봅니다.

어찌 되었든 간에 <mark>이해하기도 쉽게 보르도 와인의 맛은 가격에 정비례합니다.</mark>

카베르네 소비뇽 × **메를로** × **카베르네 프랑**, 세 품종을 배합한 블렌딩 와인의 진가를 알기 위해서라도 한 번쯤은 마을 이름이 적힌 특급 와인을 마셔 보길 바랍니다.

참고로 필자는 보르도 지방의 와인은 절대적으로 레드 와인을 고릅니다. 개인적으로 화이트 와인은 선택하지 않지만, 샤토 마르고의 화이트 와인 【파비용 블랑 뒤 샤토 마르고Pavillon Blanc du Château Margaux】는 눈이 휘둥그레질 정도로 맛이 훌륭합니다. 그리고 가격에 또 한 번 놀라서 눈이 휘둥그레질 겁니다.

Saint-Emilion

프랑스 보르도 지방에 위치한 생테밀리옹 지역

**메를로를 좋아한다면
'생테밀리옹' 와인을 마셔 보자.**

생테밀리옹 지역은 메를로 품종을 사용한 와인이 많습니다.
 이 지역의 등급은 그랑 크뤼Grand Cru가 붙으면 상위 등급이고, 여기에 프르미에Premier/1er가 앞에 붙으면 더욱 상위 등급에 해당합니다.
 그리고 이 등급의 최상위에는 【샤토 슈발 블랑Château Cheval Blanc】【샤토 오존Château Ausone】이라는 2대 유명 브랜드가 있습니다. 이들 와인은 1병 가격으로 컴퓨터 한 대는 살 수 있을 만큼 매우 고가이므로 일단 접어 두기로 하죠. 생테밀리옹 지역은 2~3만 원 정도의 비교적 부담 없는 가격으로 맛있는 메를로 와인을 마실 수 있다는 점이 매력입니다. 메를로 와인이 그리워질 때마다 지나가는 길에 마음 편히 들르는 바 같은 존재랄까요. 메를로의 풍부한 맛을 한층 더 돋보이게 해주는 **카베르네 프랑**과 블렌딩된 와인도 있습니다. 하여튼 맛있는 **메를로** 와인을 마시고 싶다면 부담 없는 생테밀리옹 지역의 와인을 추천합니다.

참고로 생테밀리옹 지역의 와인 등급은 10년에 한 번씩 재검토되고 있기 때문에 메도크 지역의 등급보다 신뢰해도 좋을 것 같습니다.

Sauternes

프랑스 보르도 지방에 위치한 소테른 지역
**설렘을 느끼고 싶은 밤
'소테른' 와인으로 날개를 펼쳐 보자.**

<u>소테른 지역이라면 고급스러운 스위트 화이트 와인.</u>
그 이상 필자는 더는 할 말이 없습니다.

이 지역은 두 줄기의 강이 맞닿아 합류하는 곳에 있는데 두 강의 수온 차이 때문에 안개가 대량으로 발생합니다. 그 결과 포도알에 보트리티스 시네레아Botrytis Cinerea (영어로는 노블 롯Noble Rot이라는 귀부貴腐균) 곰팡이가 끼게 되는데, 이 곰팡이가 포도의 수분을 빼앗아 버립니다.

필연적인 결과로 포도알은 수분이 빠지고 당분이 진하게 농축되는 <u>귀부貴腐(고귀한 부패)</u> 현상이 일어납니다.

이러한 귀부 포도로 만든 스위트 화이트 와인을 일명 귀부 와인이라 부르며 대단히 귀한 보물처럼 여기고 있습니다. 프랑스의 소테른과 함께 독일의 【트로켄베렌아우스레제 Trockenbeerenauslese/TBA】, 헝가리의 【토카이 Tokaji】가 세계 3대 귀부 와인으로 꼽히고 있습니다.

무엇보다 귀부 와인이라는 이름은 정말 센스 있게 잘 지은 것 같습니다. 귀부, 고귀한 부패라니 정말 훌륭하지 않습니까?

한 모금 마셔 보면 상당히 에로틱하고 관능적이고 완숙한 풍미가 느껴집니다. 목으로 넘어가는 느낌도 전혀 평범하지 않습니다. 단조로운 풍미를 찾아볼 수 없을 정도로 복합적이고 다양한 뉘앙스가 기분 좋게 느껴지는 와인입니다.

Pomerol

프랑스 보르도 지방에 위치한 포므롤 지역
**좋은 일이 생겼다면
'포므롤' 와인으로 사치를 맛보자.**

포므롤은 규모가 작은 지역이지만 철분이 함유된 독특한 토질 덕분에 어마어마하게 파워풀한 와인이 생산됩니다.

이 지역은 면적이 좁기 때문에 샤토의 수가 아주 적습니다. 하지만 어느 포도원이든 수준이 매우 높고 하나같이 품질도 우수

프랑스 · 이탈리아 · 스페인 · 독일

합니다.

특히 【페트뤼스 Pétrus】와 【르 팽 Le Pin】이라는 와인 브랜드가 아주 유명합니다. 그렇지만 매우 고가이죠. 세계 탑 클래스이고 비쌉니다. 손에 넣어 보려는 엄두조차 나지 않습니다. 명품 페트뤼스는 쇼케이스의 건너편에서 엄중히 관리되는 자태를 미술품을 감상하듯 황홀한 기분으로 바라보는 게 가장 좋을 것 같습니다.

페트뤼스처럼 유명한 와인이 아니라도 포므롤에는 정말 맛있는 와인이 많습니다. 살짝 가격이 있긴 하지만 황금연휴를 앞두고 기분이 들떠서 통 크게 만화 전권 세트를 사듯이 우수한 포므롤 와인을 선택하는 것도 아주 근사할 겁니다.

참고로 포므롤 와인 중에 3만 원대의 비싸지 않은 와인도 존재하는 듯합니다. 하지만 마셔본 적도 없을뿐더러 마셔 보고 싶다는 생각이 들지 않습니다. 모처럼 포므롤 와인을 마시기로 했다면 이왕이면 좋은 것으로……라는 생각을 하고 있어서 이 와인은 상세한 설명을 못 해 드릴 것 같습니다. 몹쓸 소믈리에라서 죄송합니다.

Graves

프랑스 보르도 지방에 위치한 그라브 지역
보르도에서 굳이 화이트 와인을 택한다면
'그라브' 와인을 고르자.

'그라브=자갈'이라는 이름 자체가 말해 주듯, 모래나 충적토 같은 가벼운 흙 위로 자갈이 깔려 있는 토질 특성 때문에 물 빠짐이 우수하고, 포도의 맛도 달지 않고 청량한 편이라 전체적으로 화이트 와인이 뛰어납니다.

예를 들어 와인 바 같은 곳에서 바텐더에게 '그라브 화이트 와인을 좋아해요'라든가 또는 '미네랄(자갈)의 풍미가 너무 좋더라고요' 하고 이렇게 말을 건네면, 바텐더는 잘 알고 있다는 뜻으로 '비범하게 그라브 와인을 택하시는 게, 꽤 매니악한 와인 애호가시군요' 하고 칭찬을 할지도 모릅니다. 절대 마음속으로 '쥐뿔도 모르면서 뭘 그렇게 아는 체를 해'라는 생각은 하지 않습니다.

단, 보르도 지방 중에서도 메도크 같은 지역과 비교를 하면 아무래도 중요도는 낮습니다.

사실 그라브 지역도 위대한 토양인 것은 분명하지만, 필자를 포함한 대다수의 와인 애호가들에게 '그라브 와인은 딱히 특별한 것이 없다……'는 인상을 안겨줍니다.

그럼에도 그라브 지역 중에는 특히 세인의 관심을 받는 8개의 마을이 있습니다.

어떻게 보면 8개의 묘촌처럼 보일 수도 있지만 고급 와인을 생산하는 이 마을은 하나로 통합된 이름으로 불리고 있습니다. 그것이 바로 페삭 레오냥Pessac-Léognan 지역입니다. ==페삭 레오냥 지역은 5대 샤토 중 하나이며 레드 와인으로 유명한 【샤토 오 브리옹Château Haut Brion】을 생산하고 있습니다.==

원래 샤토는 메도크 지역의 와인 서열을 매기기 위해 만들어진 포도원의 등급인데, 예외적으로 선정된 곳이 바로 그라브 지역의 샤토 오 브리옹입니다. 보르도에 다섯 병밖에 없는 1등급 최상급 와인 중에서 한 병이 그라브 지역의 와인이라는 의미로 보면 이해하기 쉽겠죠.

그런데 왜 그런 기적 같은 일이 일어났을까요? 거기에는 이런 숨은 일화가 전해지고 있습니다.

프랑스가 나폴레옹 전쟁에서 패한 후 전쟁에 대한 사후 수습을 위해 빈에서 개최된 국제회의에 참가하게 되었습니다. 이때 프랑스의 외무 장관이 각국 정상들에게 맛있는 프랑스 요리와 샤토 오 브리옹을 대접했다고 합니다.

그런데 여간 흡족했는지 '이렇게 훌륭한 와인을 만드는 나라를 굳이 없애 버릴 필요가 있을까?'라는 식으로 이야기가 어찌어찌 잘 해결되었다고 합니다.

그러한 연유로 샤토 오 브리옹이 5대 샤토에 선정된 여러 요인 가운데 하나는 나라를 구한 전설의 사교 와인으로서 세계적인 명성을 얻었기 때문이라 전해지고 있습니다. 그래서 누군가를 접대해야 할 때 행운이 따르는 와인일지도 모릅니다. 인생에서 지금이 가장 중요한 타이밍이라고 느껴질 때 상대방에게 샤토 오 브리옹을 대접해 보는 건 어떨까요?

프랑스 부르고뉴 지방

Française Bourgogne

부르고뉴 와인을 마셔 보자. 경험치가 높아졌다면

세계 2대 와인 산지는 의심할 여지 없이 프랑스의 보르도 지방과 부르고뉴 지방입니다.

부르고뉴 지방은 로마 시대부터 수도사들이 밭을 개간하여 우수한 포도밭을 일구어 왔던 지역으로, 위대한 와인을 생산하는 포도밭은 대부분의 수도원에서 소유하고 있었습니다.

수도원에서 양조했다는 말을 들으면 왠지 모르게 금욕적이고 엄격하고 까다로운 와인을 생산할 것 같은 이미지가 떠오릅니다. 실제로도 과일 맛이 도드라지는 '알기 쉬운 맛있는' 와인은 거의 드물고 마시는 사람의 미각 경험치가 뒷받침되어야 알 수 있는 '난해하지만 맛이 좋은' 와인이 대다수를 차지하고 있습니다.

그리고 부르고뉴 와인은 품질의 편차가 아주 심한 편이라서 당첨 확률도 높지만 꽝도 많습니다.

부르고뉴 지방은 보르도 지방에 비해서 각 생산자가 소유하는 밭의 규모가 작기 때문에 대체로 값이 비싼 와인이 많지만 '부르고뉴 와인'이라는 이름의 가치만으로도 잘 팔리는 탓에 우수한 품질의 와인 속에 조악한 품질의 싸구려 와인이 뒤섞이게 된 것입니다.

분명하게 말해두자면 저렴한 부르고뉴 와인은 대체로 맛이 좋지 않습니다. 1~2만 원대의 부르고뉴 와인을 구입한다면 어찌 됐든 지독한 곤욕을 치르게 된다고 기억해 두는 편이 좋을 겁니다.

특별히 필자가 피노 누아의 열렬한 팬이라서 드리는 조언인데, 잘 모르고 섣불리 저렴한 부르고뉴 와인을 마신 탓에 피노 누아에 실망하는 일이 부디 없었으면 하는 바람입니다.

부르고뉴 와인을 처음 마시는 거라면 적어도 5만 원 이상의 제대로 된 와인을 구매해서 피노 누아의 진정한 매력과 부르고뉴라는 토양의 훌륭함을 충분히 즐기시길 바랍니다.

다만 아무리 우수한 부르고뉴 와인이라도 미각이 아직 와인에 익숙해지지 않은 시기에는 그 매력을 이해하기 어려울 수 있습니다. 그래서 부르고뉴 와인은 '혀가 어른 미각'으로 성장하고 난 후의 즐거움으로 아껴두는 것도 좋은 방법입니다. 반대로 부르고뉴 와인의 아름다움을 온전히 이해하게 되었다면 거의 완벽한 '어른의 혀'라고 볼 수 있겠죠.

그럼 이제 부르고뉴 와인의 매력을 살펴봅시다.

우선 '향기'입니다.

맛 그 자체를 즐긴다기보다는 시간이 경과함에 따라 달라지는 복합적인 향기의 표정 변화를 즐기는 과정이 중요합니다.

약간 과장해서 표현하면 한 모금 한 모금에도 미묘한 변화가 일어날 만큼 향기가 달라집니다.

이런 섬세함을 만들어 내는 것이 바로 '포도밭'입니다.

부르고뉴 하면 포도밭이라는 공식처럼 토양이 매우 중요합니다. 포도를 재배하는 장소가 물리적으로 협소하긴 해도 뛰어난 포도밭은 토양의 특성이 비범할 정도로 두드러지는 특색을 갖고 있습니다. 바로 옆에 인접한 포도밭과 비교해 봐도 그 맛이 전혀 다릅니다.

그 때문에 원산지 통제 명칭 AOC(AOP)에도 지방 이름 → 지역 이름 → 마을 이름, 이것도 모자라서 특정 지역을 정확히 선별해서 핀포인트로 포도밭 이름까지 표기하고 있습니다.

요컨대 부르고뉴의 와인 등급은 '포도밭 이름'이 쓰여 있는 것이 가장 최고급입니다. 학교 운동장처럼 작은 면적의 포도밭이라도 그 특성이 인정되고 있습니다.

보르도 지방에서 포도밭과 양조장을 통칭해서 '샤토'라고 부르고 있는 것에 반해, 부르고뉴 지방에서는 자신의 포도밭에서 수확한 포도를 직접 양조하는 도멘Domaine이라는 소규모 생산자와 복수의 포도 농가에서 재배한 포도를 사들여서 대량으로 양조하는 네고시앙Négociant이라는 대규모의 생산자로 나누어집니다.

일반적으로 도멘에서 생산한 와인은 포도밭의 특성이 잘 드러나는 편이고 네고시앙에서 생산한 와인은 맛의 결점이 적다고 알려져 있습니다. 인기가 높은 것은 도멘이지만 가격도 그 인기에 비례합니다. 와인을 구입할 때 참고해 보면 좋을 듯하네요.

밭 등급으로 달라지는 테루아르,
토양의 특성을 맛보자.

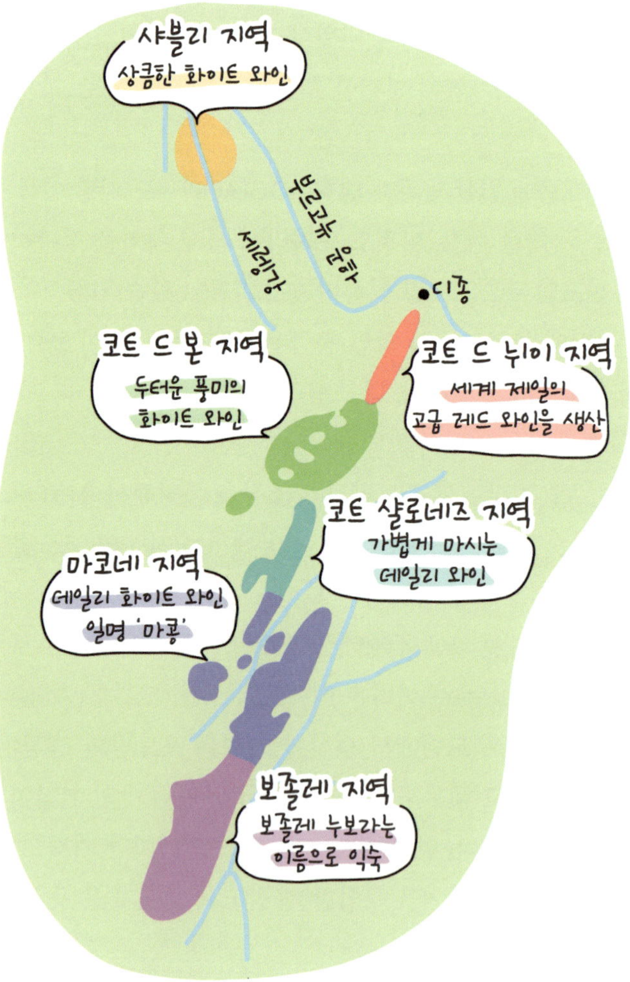

샤블리 지역
상큼한 화이트 와인

코트 드 본 지역
두터운 풍미의 화이트 와인

코트 드 뉘이 지역
세계 제일의 고급 레드 와인을 생산

코트 샬로네즈 지역
가볍게 마시는 데일리 와인

마코네 지역
데일리 화이트 와인 일명 '마콩'

보졸레 지역
보졸레 누보라는 이름으로 익숙

부르고뉴 운하

세렝강

•디종

프랑스 부르고뉴 지방

Française Bourgogne

【주요 품종】

피노 누아
Pinot Noir

R

쉽게 다가가지 못할 정도로 아름답고 기품이 넘침. 장미 향기와 붉은색 과일의 풍미를 가짐.

샤르도네
Chardonnay

W

붙임성이 뛰어난 모두의 아이돌. 자란 산지 또는 생산자의 손에 따라 맛이 크게 좌우됨.

가메
Gamay

R

천진난만하고 제멋대로인 막내딸 성향. 보졸레 누보로 잘 알려진 품종. 딸기 향이 특징이며 햇 와인으로 즐김.

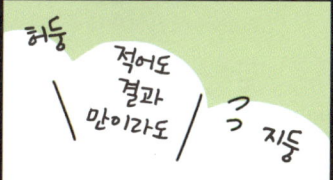

Française
Bourgogne Chablis

프랑스 부르고뉴 지방에 위치한 샤블리 지역
'샤블리' 와인을 마신다면,
프르미에 크뤼 보다 상위 등급을 선택하자.

　샤블리는 세계에서 가장 유명하고 전형적인 드라이 화이트 와인입니다.

　남녀 모두 좋아할 만한 안정적인 맛과 우수한 밸런스가 한몫 톡톡히 하고 있죠. 그런데 사실 샤블리는 종류도 품질도 매우 다양하고 맛도 천차만별입니다. 그래서 샤블리라면 다 괜찮을 거라는 생각으로 시음해 봤다가 '음, 원래 이런 맛인가? 그냥 그렇네' 하고 실망할 수도 있습니다.

　라벨을 잘 살펴봐 주세요. 샤블리 중에서도 가장 우수한 품질에는 그랑 크뤼Grand Cru 그보다 아래 등급에는 프르미에 크뤼Premier Cru / 1er Cru 일반적인 품질에는 샤블리Chablis 가장 아래 등급에는 프티 샤블리Petit Chablis라고 적혀 있습니다. 프티라는 단어가 쓰여 있으니 왠지 귀엽고 애교 많은 어리광쟁이 같은 분위기가 나지만 맛은 전혀 그런 느낌이 아닙니다.

　필자의 개인적인 소견이지만 샤블리는 프르미에 크뤼 보다 높은 등급을 추천합니다. 그리고 보통 품질인 샤블리보다 하위의 등급이라면 그냥 다른 드라이 화이트 와인을 선택하는 편이 무난할 듯싶습니다. 프르미에 크뤼는 값이 비싼가요? 그거야 당연히 그렇습니다. 샤블리는 가격이 높은 게 당연하고 오히려 저렴한 것이 의문입니다. 샤블리는 화이트 와인에서 가장 주요한 품종인 **샤르도네**가 최고로 빛날 수 있는 무대입니다. 그렇기 때문에 '우선 생맥주 한 잔 주세요'라는 뉘앙스로 '우선 샤블리 한 잔 주세요'라고 말하지 않기를 바랍니다.

참고로 흔히들 '샤블리에는 생굴이 잘 어울려'라고 말합니다. 하지만 프랑스의 생굴과 한국의 생굴은 맛의 차이가 조금 있습니다. 그래서 샤블리를 한국의 생굴과 곁들여 먹으면 굴 비린내가 오히려 더 두드러지게 느껴질 수도 있습니다. 샤블리는 될 수 있으면 좀 더 담백한 맛의 음식을 곁들이면 좋습니다. 예를 들면 카르파초* 같은 심플한 맛의 음식과 아주 잘 어울립니다.

Côte de Nuits

프랑스 부르고뉴 지방에 위치한 코트 드 뉘이 지역
**피노 누아를 좋아하게 되었다면
'코트 드 뉘이 지역'의 와인을 마셔 보자.**

와인 산지 중에 최고봉. 심장이라고 해도 좋을 지역입니다.

---

*카르파초 : 육류나 생선을 날것 그대로 얇게 썰어 소금, 후추를 뿌리고 레몬즙과 올리브유를 두른 뒤, 케이퍼나 양파를 올려 먹는 이탈리아의 애피타이저.

부르고뉴 지방 가운데 코트 드 뉘이와 코트 드 본, 이 두 지역을 합쳐 '코트 도르Côte d'Or'라는 이름으로도 부릅니다.

코트는 언덕, 도르는 황금. 말 그대로 황금 언덕이라는 뜻을 가진 지역으로 세계 최정상급 와인을 생산하는 와인 산지입니다. 햇빛에 비쳐 황금빛으로 물든 언덕이라는 대외적인 의미가 있지만 아주 오래전부터 돈이 되는 언덕이라는 사실을 알고 있었던 게 아닐까요?

==까다롭기로 유명한 최고급 품종 **피노 누아**가 이곳 토양에서는 포도밭마다 각기 다른 특성을 꽃피우고 매혹적인 향기를 간직한 채 장기 숙성을 견뎌냅니다. 그만큼 코트 도르의 **토양은 훌륭합니다**.==

필자는 여러 행운이 겹친 덕분에 【라 타슈La Tâche】와 【리슈부르Richebourg】라는 최고급 와인을 마실 기회가 있었습니다. 그때의 경험을 묘사하자면 뭐랄까 마치 액체 상태의 황금을 마시는 기분이었습니다.

코트 드 뉘이 지역 안에도 여러 마을이 있습니다. 어느 마을이든 이 지역의 와인은 좀처럼 보기 힘든 희귀한 것이 많습니다. 일본에서는 버블 경제 시대에 너도나도 이 와인을 찾는 바람에 대단히 큰 인기를 얻었습니다. 그 인기의 이유가 단지 값이 비싸서라기보다는 정말 위대한 와인이 많아서 그렇습니다.

마르사네 라 코트 마을
드라이 타입 로제 와인으로 알려진 마르사네 로제 와인이 인기.

픽생 마을
대부분 피노 누아 품종의 레드 와인. 장기 숙성을 전제로 함.

제브레 샹베르탱 마을
코트 드 뉘이 지역에서 가장 큰 마을. 특급 포도밭이 아홉 곳이나 있는 지역이라 와인 매장에서도 쉽게 찾아볼 수 있음.

모레 생드니 마을
제브레 샹베르탱 마을과 샹볼 뮈지니 마을에 둘러싸여서 두 지역의 장점만 가진 마을.

샹볼 뮈지니 마을
투명감이 있고 크림처럼 부드러운 레드 와인이 특징.

부조 마을
클로 드 부조라는 매우 유명한 포도밭을 70인 이상이 나눠서 소유. 그 정도로 생산자가 많으면 꽝도 있고 당첨도 있는 법.

본 로마네 마을
신에게 축복받은 마을. 세계에서 제일 고급스러운 레드 와인 도멘 드 라 로마네콩티를 생산.

뉘이 생 조르주 마을
강칠맛이 있고, 바디감이 있는 레드 와인.

국도 74호선

웩

혀가 마비되겠어.

프랑스 부르고뉴 지방

프랑스 · 이탈리아 · 스페인 · 독일

Côte de Beaune

프랑스 부르고뉴 지방에 위치한 코트 드 본 지역
보물찾기는 '코트 드 본' 와인에서 하자.

코트 드 본은 최고의 화이트 와인 【몽라셰 Montrachet】를 생산하는 몽라셰 마을이 위치해 있는 와인 산지입니다.

몽라셰 화이트 와인에는 샤블리 와인에서 사용했던 **샤르도네** 품종이 쓰이고 있습니다. 매우 드라이하고 깔끔한 뒷맛이 특징인 샤블리 와인과는 달리, 몽라셰 와인은 비교적 풍만하고 우아한 느낌이랄까요? 부드러운 풍미에 특유의 오크 향이 더해지고 짙은 과일 향이 풍부해서 맛에 깊이가 있습니다.

또한 샤블리 와인은 음식을 더욱 돋보이게 하는 역할인 반면 몽라셰 와인은 단독으로 마셔도 충분할 정도로 만족스러운 맛입니다. 그래서 와인의 온도를 약간 높여서 즐기는 편이 좋습니다.

코트 드 본 지역 안에도 여러 마을이 있습니다. 하지만 마을의 수가 매우 많으니, 몽라셰 마을 이외에는 특별히 외우지 않아도 괜찮을 듯합니다. 그냥 대략 이름만 기억했다가 실제로 그 마을 이름을 들었을 때 '아아, 그건 코트 드 본 지역에 있는 마을이네요' 이런 식으로 말할 수 있다면 충분히 근사합니다. 와인을 1도 모르는 사람의 입장에서 보면 지리학도 어찌 저리 빠삭하게 꿰고 있을까 하고 존경의 눈빛을 보낼 테지요.

페르낭 베르줄레스 마을
이곳도 무명의 마을이라 가성비 Good!! 추천이요!!

사비니 레 본 마을
섬세하며 과즙 밸런스가 좋은 우아한 레드 와인.

포마르 마을
피노 누아 품종의 레드 와인만 생산.

뫼르소 마을
미네랄 맛이 풍부한 화이트 와인.

상트네 마을
피노 누아 품종의 레드 와인이 대부분. 레 그라비에르가 유명.

라두아 세리니 마을
잘 알려지지 않은 마을이라 품질이 좋은 와인도 그리 비싸지 않음. 잘 찾으면 훌륭한 와인이 얻어걸릴지도!

알록스 코르통 마을
화이트 와인 코르통 샤를마뉴가 유명.

본 마을
코트 도르 지방에서 규모가 가장 큰 마을.

볼네 마을
복합적이면서 까다로운 레드 와인. 부르고뉴 와인 중에서도 가장 여성스럽다고 볼림.

생 토뱅 마을
몽라셰 마을 옆에 위치해서 좋은 화이트 와인을 만들지만 마이너라 가격이 저렴.

몽라셰 마을
샤블리보다 풍만한 맛의 화이트 와인. 퓔리니와 샤사뉴로 나누어지며, 두 지역의 풍미가 미묘하게 다름.

· 본

국도 74호선

잘 찾아보면 저렴하고 좋은 와인이 발견될 듯...

프랑스 부르고뉴 지방

Beaujolais

프랑스 부르고뉴 지방에 위치한 보졸레 지역
보졸레는 '누보' 이외의 와인을 마셔 보자.

　와인을 마시는 사람이라면 【보졸레 누보Beaujolais Nouveau】의 존재를 모르는 사람은 아마 없을 것입니다.

　보졸레 누보는 보졸레 지역의 누보라는 햇술입니다. 그해 갓 생산된 와인으로 판매 개시일은 매년 11월 셋째 주 목요일입니다. 특히 일본에서 인기가 있는 건 보졸레 와인의 맛이 일본 사람 입맛에 잘 맞아서일 수도 있지만 날짜 변경선의 영향으로 가장 빨리 맛을 볼 수 있어서가 아닐까요. 그래서인지 매년 보졸레 누보 출시일이 하나의 축제일로 정착되고 있는 듯합니다.

　이제는 너무 잘 알려지고 친숙해져 버린 탓에 잘못하면 보졸레 지역이 가장 유명한 와인 산지로 인식될지도 모르겠네요. 사용되는 포도는 가메라는 품종인데 부르고뉴 와인 중에서는 흔치 않게 꿀꺽꿀꺽 부담 없이 마실 수 있는 가벼운 와인입니다.

　하지만 보졸레 누보의 이미지가 너무나도 강하다 보니 대다수 사람에게 보졸레 지역 와인은 그다지 썩 맛있지 않은 와인으로 기억되고 있진 않을까요?

　그것도 그럴 것이 사실 누보는 포도송이를 그대로 으깨지 않고 만들어서 발효 즉시 내놓는 신선한 와인이기 때문에 다른 와인에 비해 맛이 어리게 느껴지거나 신맛이 조금 두드러지기 쉽습니다. 하지만 그 덕분에 영롱하고 아름다운 루비색을 감상할 수 있고, 아주 신선한 과일 맛을 유감없이 맛볼 수 있는 와인이라는 해석도 가능합니다.

보졸레 지역에서 생산되는 와인이 누보만 있는 것은 아닙니다. 누보를 제외한 일반적인 보졸레 와인도 한 번 마셔 보세요. **가메** 품종은 딸기 같은 풍미가 느껴집니다. 좀 더 구체적으로 설명하면 딸기 사탕을 입에 물고 있는 듯한 귀엽고 앙증맞은 맛이니 꼭 한 번 맛보셨으면 좋겠습니다.

프랑스 샹파뉴 지방

Françahealse Champagne

샴페인은 유명한 거로 선물하자.

샹파뉴Champagne 지방은 이른바 '샴페인'을 생산하는 유명한 와인 산지입니다. 와인 잔으로 층층이 쌓은 샴페인 타워에서 하룻밤의 꿈이 되었다가 이내 사라져 버리는 일명 버블Bubble이라 불리는 유명한 스파클링 와인입니다.

잘 아시는 것처럼 시중에 나와 있는 수많은 스파클링 와인 중에서도 프랑스의 샹파뉴 지방에서 생산된 것에만 샴페인이라고 표기할 수 있습니다.

샴페인이 스파클링 와인과 무엇이 어떻게 다른가 하면 여타 스파클링 와인과 비교했을 때 품질, 숙성 기간, 탄산의 강도 등에 관한 규칙이 아주 엄격하다는 점입니다.

확실히 매우 복잡하고 엄청 까다로울 정도랍니다. 샴페인 양조자 협회에서 샴페인 하우스 한 곳 한 곳을 심사하고 돌아다니기 때문에 품질이 나쁜 샴페인이라든가 탄산이 약해 밍밍한 샴페인 같은 건 이 세상에 존재하지 않습니다.

그 밖에도 스파클링 와인에는 스페인의 카바Cava, 이탈리아의 스푸만테Spumante가 있지만 '샴페인이 스파클링 와인 중에서는 단연 최고!'라고 단언해도 좋을 겁니다.

와인은 규율이 엄격할수록 품질이 높아질 수밖에 없습니다. 그리고 샴페인이라는 명칭을 달고 있는 제품은 엄격한 규칙에 따라 철저하게 통제되어 일정 기준을 충족시키고 통과했다는 뜻이기 때문에 맛이 좋을 수밖에 없습니다.

샴페인의 원료는 샤르도네, 피노 누아, 피노 뫼니에입니다. 대체로 거의 이 세 종류의 품종만 사용하고 있습니다. 참고로 피노 뫼니에는 샴페인용 품종이라 유명하지 않은 보조 품종입니다.

그중에서 샤르도네 품종 100%로 만든 샴페인은 블랑 드 블랑 Blanc de Blancs = 청포도만을 사용해서 만든 샴페인, 피노 누아 품종 100%로 만든 샴페인은 블랑 드 누아르 Blanc de Noirs = 적포도를 사용해서 만든 샴페인이라는 명칭 표기가 더해지게 됩니다. 블랑 드 블랑은 깔끔한 맛이 특징이고, 블랑 드 누아르는 깊은 맛이 특징입니다. 두 가지 모두 고급 샴페인이죠.

필자는 '추천할 만한 샴페인은 어떤 게 있을까요?'라는 질문을 받게 되면 '선물용으로 고르시는 건가요?'라고 다시 묻습니다.

만약 선물이나 답례품이라면 고민할 필요도 없이 【동 페리뇽 Dom Pérignon】이나 【모엣&샹동 Moët&Chandon】 아니면 【뵈브 클리코 Veuve Clicquot】 같은 샴페인을 추천하고 있습니다.

'아니, 세 종류 다 모두가 너무 잘 아는 대기업의 메이저 브랜드 아닌가요?'라고 생각하시겠지요.

제 생각은 이렇습니다. 샴페인이라는 것은 보통 축하할 때 사용되는 술이다 보니 경사스러운 축제의 술이지 않습니까? 프랑스에서도 분명 그런 이미지일 테고 세계적으로도 분명 그러한 술이라고 알려져 있을 겁니다. 샴페인 마개를 여는 순간 여태까지 한 번도 본 적 없는 상표의 샴페인을 내보이는 것보다는 많은 사람에게 잘 알려진 유명한 동 페리뇽 같은 샴페인을 내보이는 편이 '오호! 동 페리뇽!' 하고 참석자 모두의 기분이 업 되지 않을까요?

샴페인은 이른바 꽃다발하고 같은 맥락이라 생각합니다. 그러니 축하연을 위한 선물이라면 되도록 화려하게 한눈에 바로 알 수 있는 유명한 샴페인이 좋을 것 같다고 생각되지 않나요?

혹여 한 등급 더 높은 샴페인으로 고급스러운 분위기를 연출하고 싶다면 【크루그krug】를 추천해드립니다. 그리고 샴페인의 매력을 진득하고 성숙하게 맛보고자 한다면 【에글리 우리에Egly Ouriet】라는 샴페인도 추천합니다. 섬세하면서 깊이 있는 무게감이 아주 훌륭한 샴페인입니다.

어떤 샴페인으로 고르더라도 모두 게임 소프트 2, 3개는 구매하고도 남을 정도의 가격입니다. 하지만 소중한 사람을 위해서 샴페인을 퍼~엉! 하고 터뜨려주는 쾌감 또한 아주 각별하답니다. 그러니 아무쪼록 샴페인의 맛을 꼭 감상해 보셨으면 합니다.

프랑스 샹파뉴 지방

샴페인은 누군가의 인생에 건네는 꽃다발.

샴페인 라벨에
<mark>NM(네고시앙 마니퓔랑)</mark>이라고 표기되어 있다면
풍미도 안정적이고 브랜드 파워도 높아 선물용으로 추천!

<mark>RM(레콜탕 마니퓔랑)</mark>이라고 표기되어 있다면
자사 포도밭에서 난 포도만 사용하는 소규모의 생산자.

소규모 생산으로 정성껏 제조하여 개성적.
와인 애호가에게 적합!

프랑스 코트 뒤 론 지방

Française
Côtes du Rhône

론 와인으로 편하게 즐기자. 느긋하게 시간을 보내고 싶을 때

프랑스 와인을 마시려고 할 때 가장 유명한 보르도 와인이나 부르고뉴 와인을 선택하지 않고 오히려 특이하게 론Rhône 지방의 와인으로 손을 뻗어봅시다.

이런 행동을 하는 단계부터가 조금 와인 애호가다운 자신을 의식하고 그런 자각이 나타나게 되는 게 아닐까요?

보르도 지방 와인으로 고를지 부르고뉴 지방 와인으로 고를지, 이와 같은 선택은 오렌지 주스로 고를지 그레이프프루트 주스로 고를지와 같은 감각에 가깝기 때문에 맛의 취향으로 선택할 수 있습니다.

반면 론 지방의 와인일 경우에는 그런 감각으로 고르기는 어렵습니다. 주스로 예를 들어 설명하자면 론 지방은 자동판매기에 비유할 수 있습니다. 자동판매기에는 커피도 있고 녹차도 있고 주스도 있는 것이 일반적이죠. 그러니 '오늘은 코카콜라 자동판매기에서 고르지 않고 롯데 자동판매기에서 고를래'라는 식의 선택은 웬만해서는 하지 않습니다. 그 정도로 맛의 범위가 넓어 포괄적이고 다양한 선택의 폭을 제공하고 있는 것이 바로 론이라는 지방입니다.

그렇기 때문에 '론 지방의 와인이니까 마셔 봐야지'라기보다는 '좋아하는 포도 품종으로 만든 와인이니까 한 번 마셔볼까?'라던가, 그게 아니면 좋아하는 브랜드 상표를 발견하고 우연히 론 지방의 와인을 고르게 되는 것이지요.

　대체로 론 지방은 보르도 와인이나 부르고뉴 와인에 비해서 가성비가 좋다 보니 가볍게 마실 수 있습니다.

　전반적으로 론 지방은 엄격한 생산 규칙에 구애를 받거나 전통에 얽매이지 않으며, 까다롭지 않은 유순한 풍토가 바탕에 깔려 있습니다. 그래서 맛도 제각기 다릅니다. 원산지 통제 명칭 AOC(AOP)의 규범에서 제외된 자유로운 '자연 친화적인 와인'이라 불리는 스타일의 와인도 많이 생산되고 있습니다.

　<mark>시큼하게 느껴지는 산미도 과즙같이 느껴지는 단맛도 특별히 두드러지지 않아 시골 할머니 집 같은 편안한 분위기의 맛이죠.</mark> 바로 그런 점이 자연 친화적인 와인을 선호하는 사람들에게 인기를 얻는 비결일지도 모르겠네요.

　'알기 쉽고 맛있는 와인'이면서 가격도 저렴한 편입니다. 술술 가볍게 마실 수 있는 와인이라 숙취도 거의 없습니다. 휴일에 이른 낮부터 술을 마실 때나 여럿이 모여서 마실 때 아주 적합한 와인입니다.

　론 지방의 와인 산지는 북부와 남부로 나누어집니다.

　북부 론에서 많이 사용되는 포도 품종은 **시라**와 **비오니에**입니다. 100% **시라** 품종으로 레드 와인을 만들게 되면 스파이시한 풍

프랑스 코트 뒤 론 지방

미가 너무 강해지는데 여기에 아주 약간 비오니에를 섞어 주면 순하고 부드러운 맛이 더해지게 됩니다. 그런데 예상외로 두 품종의 블렌딩이 매우 우수한 조화를 이끌어내기 때문에 신세계 와인 중에는 이런 양조법을 흉내 내서 만드는 와인 산지도 있습니다. 시라 품종에 비오니에를 블렌딩한 신세계 와인을 발견한다면, '론 지방을 의식하고 만들었구나' 하고 중얼거리듯 말해 보세요. 그렇게 말하면 뭘 좀 아는 와인 애호가라는 분위기에 취할 수 있습니다.

참고로 시라 품종은 시라즈라는 이름으로 불리며 호주에서 더욱 큰 인기를 얻고 있습니다. 그래도 역시 비오니에 품종과 블렌딩한 와인을 맛보고 싶다면 단언컨대 북부 론 지방의 와인을 추천합니다.

반면 남부 론에서 많이 사용하는 품종은 그르나슈 입니다.

아무래도 그르나슈가 힘이 센 탓인지 북부 론 지방과 비교해 보면 어딘지 모르게 세련되지 못한 맛이랄까, 시골 맛이 느껴집니다.

와인을 병에 담아 파는 일반적인 스타일이 아닌 농사일을 끝마친 마을 사람들이 1리터당 얼마라는 식으로 저울에 달아서 파는 와인을 주전자에 담아 와 저녁 식사에 반주로 곁들이고 있을 것 같은 이미지가 떠오릅니다.

여유를 갖고 한숨 돌리는 이미지랄까요. 바로 그런 점이 남부 론 와인의 매력이 아닌가 싶습니다.

사실 남부 론 지방에는 잘 찾아보면 진귀하고 저렴한 와인이 의외로 많습니다. 특히 저렴하고 맛있는 화이트 와인이 여기저기 굴러다니고 있을 정도죠. 그렇다고 너무 많은 기대를 하진 마시고 그냥 마음 가는 대로 편하게 골라보는 것도 예상외로 즐거울 겁니다.

필자는 이처럼 상식에 얽매이지 않고 자유로운 방식으로 만드는 코트 뒤 론 지방의 와인을 아주 좋아합니다. '열심히 궁리하고 고안해서 우리만의 방식으로 맛있는 와인을 만들자'고 그렇게 말하는 것 같은 긍지가 느껴집니다.

긴장을 풀어 주는 소박하고 다정한 풍미.

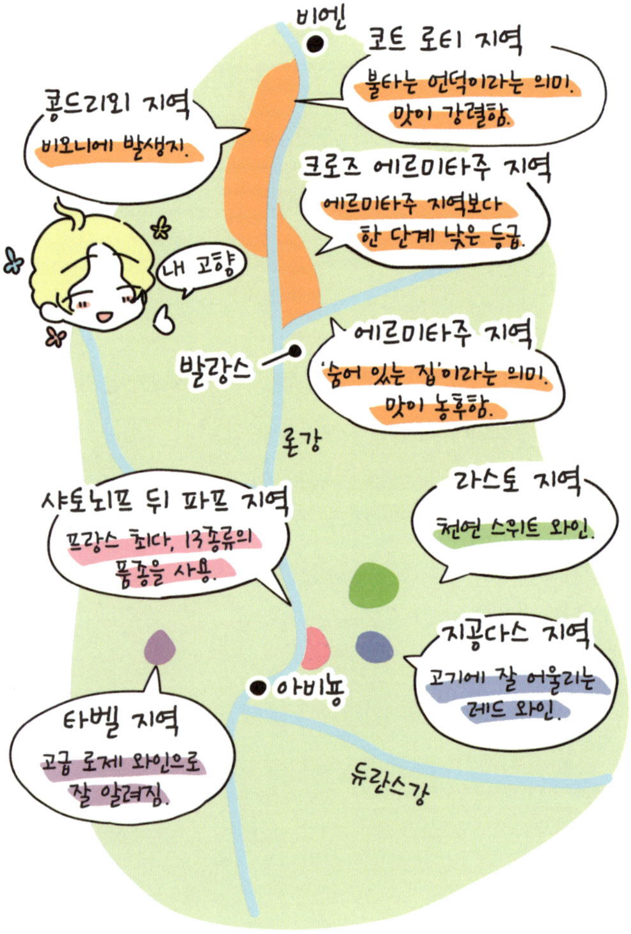

프랑스
코트 뒤 론 지방

Française
Côtes du Rhône

【주요 품종】

그르나슈
Grenache

R

촌스러운 시골 여자아이지만 무한한 가능성을 보이는 미래의 유망주. 딸기 잼과 검은 후추의 향을 가짐.

시라
Syrah

R

힘세고 생기 넘치는 장난꾸러기. 스파이시한 향과 묵직하고 우아한 풍미를 가짐.

루산
Roussanne

W

언제나 마르산을 돌보고 보조해 주는 역할. 기분 좋은 꿀 향과 살구 같은 섬세한 향을 지님.

비오니에
Viognier

W

몽실몽실한 분위기의 꽃미남. 백색 꽃 향기와 독특한 과일 향이 완벽한 조화를 이루어 미각을 자극.

마르산
Marsanne

W

몸이 약해서 자주 아프고 집 밖으로 나오지 못해 덕후 기질이 있음. 산도는 낮지만 풍부한 아로마 향을 지님.

프랑스 알자스 지방

Française Alsace

알자스라고 쓰여 있다면 거의 독일이라고 생각하자.

론은 왠지 기후도 온화할 것 같은 어감이지만 알자스는 이름 자체가 혹독한 추위를 연상케 하지 않나요?

맞아요, 그렇습니다. 알자스는 날씨가 춥습니다. 그리고 추운 지방이라 하면? 그렇죠. 맛있는 화이트 와인이 만들어집니다.

그런데 알자스 지방은 프랑스의 와인 산지 중에서도 어딘가 좀 색다릅니다. 프랑스는 블렌딩 와인이 주를 이루는데 특이하게도 알자스에서 생산하는 와인은 전부 단일 품종입니다. 게다가 사용하는 포도 품종도 리슬링이라든가 게뷔르츠트라미너 같은 개성적인 품종들이 잔뜩 등장합니다.

그리고 와인병 또한 보르도나 부르고뉴를 전혀 닮지 않은 홀쭉하게 생긴 날씬한 형태의 병 모양입니다.

그러고 보니 알자스 와인이 갖는 특징은 독일 와인과 아주 똑같이 닮았습니다.

왜 그렇게 특징이 비슷해졌는가 하면, 라인강을 사이에 두고 두 나라의 계속된 전쟁으로 인해 독일과 프랑스의 문화가 빈번히 오고 갔기 때문입니다. 그리고 기후도 거의 비슷해서 알자스 와인은 독일 와인과 쏙 빼닮아 있습니다. 와인의 라벨을 떼어 버리면 명색이 소믈리에인 필자도 맛의 구별이 거의 불가능할 정도입니다.

차이점이라면 독일은 스위트 와인이 주를 이루고 있고, 알자스는 일부의 스위트 와인을 제외하면 드라이 와인이 주를 이루고 있습니다.

알자스는 원산지 통제 명칭 AOC(AOP)를 지역으로 세분화해서 표기하지 않고 Appellation(아펠라시옹) Alsace(알자스) Contrôlée(콩트롤레)로 통일하고 있습니다. 포도밭의 토양 성질이 너무나도 복잡한 탓에 같은 마을이나 같은 포도밭이라 해도 맛이 제각각이라 알자스라는 지방명으로 통일해서 표기하고 있습니다. 그러니 알자스는 품종으로 즐기는 와인이라고 기억해 주면 됩니다.

그런 알자스 지방의 가장 주요한 포도 품종은 리슬링입니다. 일명 귀부 와인이 되는 품종이지만 그렇게 완성되기까지의 프로세스가 아주 독특합니다.

알자스라는 지방은 안개가 자주 발생하는 곳으로 유명합니다. 그 때문에 포도에 곰팡이가 피기 쉽습니다. '보트리티스 시네레아Botrytis cinerea'라는 곰팡이인데요, 다른 포도 품종이라면 대부분이 곰팡이 때문에 죽어 버립니다. 하지만 리슬링은 이 곰팡이 덕분에 포도에서 수분만 쏙 빠져 결과적으로 와인을 만들기에 아주 좋은 상태로 변하게 됩니다.

왜냐고요? 그야 포도알에서 수분이 쭉 빠지면 아주 적절한 당분만 고스란히 남게 되니까요.

그리고 또 귀부 와인은 '귀부향'이라 불리는 독특한 향기를 풍겨내는 경우가 있습니다. 관능적인 향이 감도는 부취라고 합니다. 너무 황홀해서 헤어 나올 수가 없네요. 어쩜 그런 멋진 표현을 생각했는지 뇌까지 매혹되는 것 같습니다.

참고로 귀부 와인과 비슷한 와인으로 '아이스 와인Ice Wine', '레이트 하비스트Late Harvest(늦게 수확한 와인)' 등이 있습니다. '아이스 와인'은 포도가 언 상태에서 수확해 당분만을 압착해서 만듭니다. '레이트 하비스트'는 당도를 높이기 위해 되도록 부패 바로 직전까지 기다렸다가 수확한 포도로 만듭니다.

그런데 솔직히 말해서 필자는 제대로 장기 숙성된 귀부 와인을 제외하고는 아이스 와인과 레이트 하비스트 와인의 맛의 차이를 잘 구분하지 못합니다. 애당초 대체 귀부향이 어떤 향인지, 맡아본 적이 있는지 없는지조차 잘 모를 정도로 어딘가 좀 허술한 소믈리에입니다. 죄송합니다. 하지만 소믈리에 자격을 가진 필자도 긴가민가할 정도니 여러분도 귀부 와인이니, 아이스 와인이니, 레이트 하비스트니 하는 것은 크게 신경을 쓰지 않아도 됩니다.

그리고 **리슬링**하고 쏙 빼닮은 포도 품종으로 **세미용**이라는 품종도 있습니다. 세미용은 보르도 지방에 위치한 소테른Sauternes 지역에서 아주 달콤한 화이트 와인으로 생산되고 있는데, 마찬가지로 보트리티스 시네레아 균이 발생한 포도송이로 만들고 있기 때문에 특징은 거의 같다고 보면 됩니다.

독특한 만남으로 생겨난 귀부 와인을 즐겨보자.

프랑스 알자스 지방

Française Alsace

【주요 품종】

리슬링
Riesling

알기 쉬운 츤데레 타입 여학생. 끝 맛이 깨끗한 드라이 와인과 산도 밸런스가 좋은 달콤한 와인, 두 종류로 생산.

피노 그리
Pinot Gris

양면성의 매력이 있는 미스터리한 아이. 이탈리아는 산뜻한 맛으로, 프랑스는 무게감 있는 농후한 맛으로 생산됨.

게뷔르츠트라미너
Gewürztraminer

화려해 보이는 건 뭐든 좋아하는 아이. 열대 과일의 리치 향이나 향수 같은 독특하고 이국적인 향이 특징.

프랑스 루아르 지방

Française Loire

루아르에서 고르자.

식사에 어울리는 상큼한 화이트 와인은

루아르Loire는 '프랑스의 정원'으로 불리는 곳입니다.
　오래된 아름다운 성들과 푸른 정원, 한가롭게 유유히 흐르는 강물, 완만하게 이어진 구릉 지대, 풍요로운 전원 풍경, 그런 광활한 경치가 끝도 없이 이어져서 루아르를 풍광명미風光明媚*의 고장이라고 표현합니다.
　루아르에 방문한 적은 없지만 필자가 루아르 와인을 마실 때는 소녀 같은 감성으로 그러한 풍경을 상상하며 황홀한 기분에 넋을 놓거나 뺨을 붉히기도 합니다. 그러다 보면 와인과 아름다운 풍경들이 일체가 되어 가슴 벅찬 감동이 느껴집니다.
　하지만 문득 눈을 떠보면 술에 취해 비틀거리던 손님이 바 카운터에 고꾸라져 있는 것이 현실입니다. 이러한 현실과 이상의 괴리마저도 루아르 와인이 갖고 있는 치명적인 매력이라 할 수 있겠죠.
　루아르 지방은 상당히 광활한 면적을 차지하는 와인 산지입니다. 그렇기 때문에 론 지방의 와인과 마찬가지로 루아르 와인이니까 사 보자는 식으로 무턱대고 고르기보다는 '루아르 와인 중에도 이 상표를 좋아하니까' 아니면 '이 포도 품종을 좋아하니까'라는 식으로 고르면 좋습니다.

---

* 풍광명미 : 자연의 경치가 맑고 아름다움.

단 루아르 와인 중에서 선택했을 때 절대 손해를 보지 않는 것은 '맛이 깔끔한 드라이 화이트 와인'입니다.

실제로 프랑스의 수도인 파리에서는 루아르의 화이트 와인을 일상적인 데일리 와인으로 가장 많이 마신다고 합니다. 사실 놀랄 만큼 그렇게 맛있지는 않지만 아무리 자주 마셔도 질리지 않을 정도로 맛이 담백한 와인입니다.

루아르의 와인 산지는 4개 지역으로 나누어져 있는데, 지역별로 각각 서로 다른 성질의 고유한 매력이 와인에 잘 드러나 있습니다.

페이 낭테Pays Natais지역은 뮈스카데 품종을 사용하는데, 효모 앙금을 여과하지 않고 장기간 함께 담가둔 채 숙성시키는 양조 방식을 통해 뮈스카데 본연의 풍미를 잘 이끌어 낸 화이트 와인을 생산하고 있습니다. 발음하기 어려운 이름으로도 유명한 '뮈스카데 드 세브르 에 멘Muscadet de Sevre-et-Maine 마을'이 바로 이곳에 있습니다.

투렌Touraine지역은 슈냉 블랑 품종만을 단일로 사용해서 화이트 와인을 생산하는 '부브레Vouvray 마을'이 유명합니다.

상트르 니베르네 Centre Nivernais 지역은 **소비뇽 블랑**의 매력을 맘껏 느낄 수 있는 '상세르Sancerre 마을'과 스모키한 풍미가 특징인 '푸이-퓌메Pouilly-Fumé 마을'의 와인이 훌륭합니다.

앙주Anjou 지역은 '로제 당주Rosé D'Anjou 마을'이 유명합니다.

로제 당주는 약간 달콤한 로제 와인을 생산하는데, 남부 론에 위치한 타벨Tavel 지역의 로제 와인인 타벨 로제Tavel Rosé와 프로방스Provence 지방의 로제 와인과 함께 3대 로제 와인으로 꼽히고 있습니다.

프랑스의 3대 로제 와인은 무엇일까요? 왠지 퀴즈 방송에서 그런 식으로 문제가 나올 것 같단 생각이 듭니다. 프랑스의 3대 로제 와인치고는 세 곳 모두 비싸지 않아서 부담 없는 가격에 살 수 있습니다. 그러니 로제 와인을 좋아한다면 한 번 마셔 보길 권해 드립니다.

참고로 레드 와인도 화이트 와인도 아닌 로제 와인을 마시는 이유는 **어떤 음식이든 무난히 어울리기 때문입니다.**

매일 식사와 함께 와인을 마시는 사람에게는 레드 와인이 어울릴지 화이트 와인이 어울릴지 고민하지 않아도 된다는 점이 바로 로제 와인의 장점일 테죠. 겉보기에도 근사하고 스타일리시하니 프랑스에서도 로제 와인이 인기가 높은 걸 겁니다.

그리고 참고로 덧붙이면 포도 품종 중에서 그다지 두드러지진 않지만 맛 하나만큼은 숨은 실력자로 잘 알려진 **카베르네 프랑**이 앙주 마을에서 주역을 맡아 흔치 않게 '단일 품종'으로 활약하고 있습니다.

> **Point** 매일 마셔도 질리지 않는
> 심플하고 밸런스가 좋은 화이트 와인.

프랑스
루아르 지방

Française Loire

【주요 품종】

소비뇽 블랑
Sauvignon Blanc

솔직하고 쿨한 성격의 뇌가 순진한 미소녀. 허브나 그레이프프루트 같은 시원하고 상쾌한 향을 풍김.

뮈스카데
Muscadet

상큼한 외모이지만 항상 옷이 더러워져 있고 얼빠진 행동을 함. 친화력이 좋고 심플하고 깔끔한 맛을 냄.

슈냉 블랑
Chenin Blanc

눈에 안 띄고 싶어 하지만 돋보이는 특이한 아이. 전체적인 조화가 우수하고 군더더기 없는 신기한 맛을 냄.

프랑스 · 이탈리아 · 스페인 · 독일

남프랑스
프로방스 & 랑그도크 지방

Le Sud de la Française

꿀꺽꿀꺽 마시고 싶을 땐 냉장고를 남프랑스로 채우자.

3대 로제 와인 중 하나로 꼽히는 것이 프로방스Provence 지방의 로제 와인입니다.

이 로제 와인에 딱 어울리는 이미지 하면 새하얀 모래사장이 쫙 펼쳐진 고급 리조트의 프라이빗 해변, 선글라스 너머로 새파란 바다를 바라보면서 홀짝홀짝 마시는……. 이것 말고 더 적절한 표현이 없을 정도입니다.

남프랑스 와인을 마실 때 필요한 것은 ==가슴이 탁 트이는 장소와 개방적인 성격의 사람==입니다. 남프랑스의 풍경을 잠시 상상해 봅시다. 딱딱하고 어려운 표정을 지으며 '으음, 이 와인은 어느 산지의 몇 년도산 와인으로……'라고 중얼거리는 신사가 그곳에 있던가요? 햇볕에 그을리고 알코올에 얼굴이 새빨개진 백인들이 테이블 위 또는 발밑에 홍합이나 바닷가재 껍질을 여기저기 떨어뜨린 채, 깔깔거리고 웃으며 와인을 마시고 있는 이미지가 떠오르지 않나요?

또 하나 남프랑스에는 랑그도크Languedoc 지방에서 생산하는 와인도 있습니다. 랑그도크 와인은 '저렴하고 맛있다'라는 컨셉을 내세운 저가 이미지가 강합니다.

원산지 통제 명칭 AOC(AOP) 와인의 하위분류에 '뱅 드 페이 도크Vins de Pays d'Oc(VdP) 일명 지방 와인'이라는 등급이 존재합니다. 와인을 판매하는 곳에서 흔히 볼 수 있는데, 뱅 드 페이 도크 와인의 80% 가까이는 랑그도크에서 생산되고 있답니다.

다시 말해 저렴한 와인입니다. 하지만 저렴한 와인에도 종류가 아주 많지 않습니까?

페트병에 들어 있기도 하고 종이팩에 들어 있는 와인도 있습니다. 뱅 드 페이 도크는 그런 저렴한 와인 중에서도 그나마 나은 편입니다. 원산지를 지방명으로 표기한다는 점에서 어느 정도는 품질이 보증됐다고 볼 수 있죠.

예를 들어서 만 원대 보르도 와인이나 부르고뉴 와인을 사는 무모한 모험을 할 바에는 차라리 만 원대 랑그도크 와인을 고르는 편이 훨씬 더 현명한 겁니다.

와인 애호가 중에서 랑그도크 와인을 좋아하는 분은 정말이지 말 그대로 레어! 전 세계에서도 흔하지 않을 거라 봅니다.

일부러 매니악한 분야를 추구하는 것도 나쁘진 않겠죠. 하지만 랑그도크 와인은 한 병을 신중하게 골라 구입하는 와인이라기보다, 통 크게 팍팍 대량으로 사 놓고 여럿이서 와인을 물 마시듯 벌컥벌컥 마시려는 사람의 구매 용도에 잘 맞는 와인일 겁니다. 나쁜 말은 하지 않겠습니다. 뜨거운 태양이 내리쬐는 해변에서 마시자고요.

손꼽아 기다린 멋진 휴가에서 마시자.

남프랑스
프로방스 & 랑그도크 지방

Le Sud de la Française

― 【주요 품종】 ―

까리냥
Carignan

Ⓡ

한때 불량 학생이었지만, 최근 모범적인 생활을 하고 있음. 시가 또는 초콜릿 향기와 잘 익은 과일 풍미가 느껴짐.

생소
Cinsaut

Ⓡ

여름 피서지에 잘 어울리는 생기 넘치는 여학생. 복숭아나 딸기 같은 상큼한 과일 향이 가득함.

그르나슈
Grenache

Ⓡ

촌스러운 시골 여자아이지만 무한한 가능성을 보이는 미래의 유망주. 딸기잼과 검은 후추의 향을 가짐.

이탈리아

Italie

이탈리아 와인을 사 보자.

특색 있는 와인을 만나고 싶을 땐

지금까지 소개한 바와 같이 와인은 각양각색의 특징이 있습니다. 하지만 와인이 가지고 있는 특징의 모든 본보기는 프랑스에 있죠.

그렇기 때문에 '와인은 프랑스 것이 아니면 마시지 않아요'라는 부잣집 아가씨의 발언이 다소 건방지게 느껴질 수도 있겠지만 와인 추종자라면 이런 방법도 나쁘지 않다고 생각합니다. 프랑스 와인만이라도 제대로 알아 두면 와인에 대한 궁금증을 다 해소할 수 있기 때문입니다. 그동안 답답했던 곳이 뻥 뚫리게 되는 것과 같죠.

하지만 프랑스만큼 지명도가 높은 생산국이 바로 이탈리아입니다. 이탈리아 와인은 음식점이나 와인 전문점에서 꽤 높은 확률로 마주치니 그냥저냥 무시할 수만은 없습니다.

그럼 언제 이탈리아 와인을 마시는 것이 좋을까요?

이탈리아 음식을 먹을 때에 마시면 됩니다. 그게 아니면 이탈리아 와인을 좋아한다면 와인을 선택할 때 이탈리아 와인으로 고르면 되겠죠. 이상입니다.

이것으로 답이 되지 않았나요?

그런데 사실 이탈리아 와인을 제대로 알아가기란 여간 어려운 일이 아닙니다. 이탈리아 와인의 가장 큰 특징은 달리 설명할 방도가 없을 정도로 제각각이라는 점입니다. 필자는 이탈리아 와인은 아주 좋아하지만 이탈리아 와인을 공부하는 것은 너무나도 싫었습니다.

이탈리아는 지중해성 기후 덕분에 큰 어려움 없이 어디서나 포도가 잘 자라서 지역 술 못지않게 지역 포도 같은 것이 수도 없이 늘어났죠. 그래서 **이탈리아에서 재배되고 있는 포도 품종은 어마어마하게 많습니다.**

어느 정도냐고요? 추정 가능한 품종만 해도 2천 종류가 훌쩍 넘습니다.

네, 그렇습니다! 일명 멘붕 상태에 빠지게 됩니다. 말도 안 되는 품종 수이죠. 이탈리아 와인 전문가가 아닌 이상 이렇게나 많은 포도 품종의 맛을 망라하는 일은 거의 불가능합니다.

이렇게 포도 품종이 늘어나게 된 데에는 뒤늦은 와인 법 설정이 가장 큰 원인이라고 볼 수 있습니다. 축복받은 기후 탓에 와인 생산에 대해선 그다지 깊게 생각하지 않았던 거죠.

프랑스는 와인 법을 빨리 만들고 다년간에 걸쳐 포도 품종 수를 계속해서 조절하고 통제한 결과 'A 산지는 B 품종이 맛있다'는 공식이 생겼습니다.

반면 이탈리아는 통제 없이 마구잡이로 새로운 포도 품종을 만들어 재배했고, 그 결과 셀 수 없을 정도로 많은 품종이 생겨난 것입니다.

와인용 포도로 인정받은 품종만 하더라도 5백 종류 가까이 있다고 합니다.

이렇게 설명하니까 이탈리아 와인이 마치 중성화 수술을 시키지 않고 방치해서 고양이 천지가 된 공원처럼 느껴질 수도 있겠지만, 전혀 그렇지 않습니다.

맛은 절대로 프랑스 와인에 뒤지지 않습니다. 프랑스 와인이 기품이라면 이탈리아 와인에서는 자유가 느껴집니다. 한번 제대로 빠지면 헤어 나올 수 없을 정도로 이탈리아 와인을 사랑하게 될 겁니다.

다만 각양각색의 품종들이 다양한 기후의 산지에서 재배되고 있기 때문에 품질의 차이 또한 아주 큽니다. 그야말로 복불복이라 할 수 있죠. 다행히 어쩌다 좋은 와인이 얻어걸리는 경우도 있지만 그만큼 빗나갈 확률도 높다는 걸 꼭 기억해야 합니다. 하지만 특색 있는 와인을 만나고 싶을 때 직감에 따라 이탈리아 와인을 골라 보는 것도 재미있을 겁니다.

그렇다면 이탈리아 와인은 각 지방마다 어떠한 차이점이 있을까요?

프랑스의 2대 와인 산지인 보르도 지방과 부르고뉴 지방에 해당하는 곳이 이탈리아의 토스카나Toscana주와 피에몬테Piemonte주입니다.

토스카나주에서 유명하다 못해 너무 많이 알려진 와인이 바로 【키안티Chianti】입니다.

키안티 와인에서 주로 쓰이는 품종은 산조베세입니다. 체리를 한가득 머금은 듯한 풍부한 과일 풍미가 특징입니다. 카베르네 소비뇽보다 떫은맛이 적어서 부드럽고 피노 누아보다 산미가 약해서 밸런스가 좋은 맛입니다.

이탈리아 와인 하면 '키안티'라고 너도나도 입을 모아 칭찬할 정도로 인기가 하늘을 찌르는데 키안티는 토스카나주의 키안티 지방에서 생산된 와인입니다.

그런데 앞서 말한 것처럼 이탈리아는 와인에 대한 규율이나 규제가 엉성했던 탓에 키안티 와인이 잘 팔리자 키안티 지방뿐만 아니라 주변 지역 사람들까지도 너나없이 키안티라는 글자를 와인 라벨에 써넣어 팔기 시작했습니다.

'잘 모르지만 키안티라는 와인이 정말 맛있다더라'는 구매자와 '일단 키안티라고 써 놓으면 잘 팔린다더라'는 식의 와인 판매자. 이 둘의 이해관계가 일치한 결과, 품질과 상관없이 키안티 와인이 여기저기에서 대량으로 생산되기에 이르렀습니다.

와인을 마시러 오는 손님들도 가볍게 '키안티 와인 주세요'라는 식으로 주문을 하거나, 키안티 와인이 없다고 하면 '없다고요? 왜 키안티를 안 팔아요?' 하고 놀라는 상황이 생기면서, 엄선된 와인만을 파는 곳이든 그렇지 않은 곳이든 와인을 취급하는 곳이라면 일단 키안티 와인을 구비하는 편이 좋겠다는 생각을 갖기 시작했습니다.

그런 일들이 계속해서 반복되고 있는 사이 토스카나주는 키안티 천지가 되어 버렸습니다.

그냥 이대로 두면 안 되겠다고 생각했는지 늦게나마 '예전부터 키안티 와인을 생산해 온 지방에 한해서【키안티 클라시코Chianti Classico】라는 이름을 붙여도 좋다'는 법을 규정했습니다. 쉽게 말하면 관광지의 토산품 상점 간판에서 흔히 볼 수 있는 문구처럼 '원조 키안티' '진정한 원조 키안티' 같은 뉘앙스입니다.

하지만 인기에 제동이 걸리긴커녕 오히려 키안티 클라시코의 포도 재배 면적이 점점 확대되는 예상치 못한 사태가 벌어지면서 그 결과 품질도 제각각, 가격도 만 원대부터 10만 원대까지 천차만별이 되었습니다.

맛이 있든 없든 일단 '샤블리'라는 이름만 있으면 잘 팔리는 현상과 비슷합니다.

그래서 유명한 와인이라고 무턱대고 신뢰하면 '어라, 맛이 왜

이래?' 하고 실망할지도 모릅니다. 하지만 유명한 와인은 그럴 만한 이유가 있습니다. 맛있는 키안티(조금 비싼 가격대)는 정말로 맛이 훌륭한 와인입니다.

토스카나주에는 또 하나 재미있는 와인이 있습니다.
그건 바로 '슈퍼 토스카나(슈퍼 투스칸)'입니다.
이탈리아의 와인 법에 구애받지 않고 자유롭게 만든 와인으로 이탈리아 와인이지만 보르도 지방의 양조법을 따라 생산하고 있습니다.

프랑스의 가장 높은 와인 등급 AOC(AOP)에 상응하는 것이 이탈리아의 D.O.C.G(DOP)라는 등급입니다. 정식 명칭은 이전까지 데노미나치오네 디 오리지네 콘트롤라타 에 가란티타 Denominazione di Origine Controllata e Garantita 였고, 그리고 지금은 데노미나치오네 디 오리지네 프로테타 Denominazione di Origine Protetta 인데 애써 외우지 않아도 됩니다.

이탈리아 와인 중 원산지가 보증된 와인에는 D.O.C.G(DOP)라고 쓰여 있습니다. 프랑스의 AOC(AOP)와는 달리 그 줄임말 안에는 지명은 적혀 있지 않고 단지 D.O.C.G(DOP)라는 글자만 있을 뿐입니다.

슈퍼 토스카나는 이탈리아의 와인 법을 무시하고 만든 와인이라서 D.O.C.G(DOP)는 아닙니다. 그래서 이탈리아 와인 양조 기준에 맞지 않는다는 이유만으로 테이블 와인과 동급으로 취급되고 있죠.

테이블 와인 등급이지만 【루체Luce】【사시카이아Sassicaia】 같은 고급 와인의 등장으로 이탈리아 와인 양조법을 무시하고 만들면 더 맛있어진다는 소문과 함께 인기를 얻어 슈퍼 토스카나는 눈 깜짝할 사이에 고급 와인이 되었습니다. 게다가 높은 품질의 와인일 경우에는 추후라도 D.O.C.G(DOP) 인정을 받게 되는 웃지 못할 일마저 벌어졌습니다.

'슈퍼'라는 단어가 붙어서 세계적으로 인기를 얻는 건 마리오만 그런 게 아닌가 봅니다.

그런데 어째서 이탈리아의 와인 법을 무시하면서까지 이런 와인을 만들겠다고 결심한 것일까요. 필자의 생각이지만, 어쩌면 그건 이탈리아 사람이 자신들의 포도밭에 강한 자부심을 가지고 있어서 그런 게 아닐까요? '우리의 토양이 세계 최고다. 슈퍼 토스카나를 만들면 보르도 또한 뛰어넘을 수 있다'고 믿듯이 말입니다. 실제로 그런지 아닌지는 누구도 증명할 수는 없습니다. 다만 그 판단은 마셔 본 사람들 개개인의 몫으로 해두죠.

피에몬테주는 네비올로 품종이 유명합니다.

묵직하고 강한 타닌과 시가(담배)나 초콜릿 같은 쌉싸름한 풍미는 **네비올로**의 가장 큰 특징입니다. 피에몬테 × **네비올로** 조합은 프랑스의 보르도 × **카베르네 소비뇽** 조합과 쌍벽을 이루는 것으로도 잘 알려져 있습니다.

네비올로 품종은 고급 와인 산지로 유명한 바롤로Barolo에서 만드는 【바롤로Barolo】 와인과 쿠네오Cuneo에서 만드는 【바르바레스코Barbaresco】 와인을 제외한 다른 제품에서는 찾아보기 힘들 겁니다. 두 와인 모두 미국에서 큰 인기를 얻으며 고가에 판매되고 있습니다. 미국인의 입맛에 잘 맞는 와인이라는 설명만으로 대강 어떠한 맛인지 상상이 가는 분도 있으시겠죠.

이탈리아는 지형이 남북으로 길고 20개의 지방으로 나누어져 있는 나라라서 와인 또한 지방색이 아주 강합니다. 품종도 다양하고 와인 산지의 토질도 매우 다르고 다양한 특성을 가지고 있어서 '○○ 산지 와인은 ○○ 맛'이라는 공식으로 특징을 파악하기 좀 어렵습니다.

그러므로 '이제 좀 와인을 알 것 같다'는 기분을 느끼고 싶다면 토스카나와 피에몬테, 이 두 지방의 와인만 잘 기억하면 됩니다. 이탈리아 와인은 품질이 들쑥날쑥해서 실망스러운 제품을 선택하게 될 확률도 높지만, 간혹가다가 운 좋게 잘 고르면 엄청난

==대박을 터트립니다.== 어찌 보면 복불복 게임같이 느껴지지만 뚜껑을 열어 보기 전까지 결과를 예측할 수 없다는 점 또한 이탈리아 와인의 커다란 매력 중 하나입니다.

변덕스럽지만 신비로운 힘을 가진 나라.

이탈리아 와인의 등급 체계

- **D.O.P.** (구 D.O.C.G./D.O.C)
  가장 엄격하게 관리받는 와인.
  와인뿐만 아니라 치즈, 올리브유, 발사믹 식초 등에도 표기되어 있다.

- **I.G.P.** (구 I.G.T.)
  말하자면 지역 와인.
  라벨에 포도 품종과 생산지가 표기되어 있다.

- **Vino** (구 V.d.T.)
  생산지 표기 규정이 없다.
  가장 낮은 등급이지만
  '슈퍼 토스카나'라는 괜찮은 와인도 있다.

2008년까지의 구 등급 체계

- **D.O.C.G.** 가장 엄격하게 관리를 받는 와인.
- **D.O.C.** 규정된 심사를 받은 와인.
- **I.G.T.** 그 지역의 포도 품종을 85% 이상 사용하는 와인.
- **V.d.T.** 특별한 규정이 없는 테이블 와인.
  '슈퍼 토스카나'라는 와인이 있다.

구 등급 체계(2008년까지)
D.O.C.G./D.O.C.
⇩
신 등급 체계
D.O.P.
로 통일되었습니다.

이탈리아

Italie

―――――――

【주요 품종】

네비올로
Nebbiolo

R

'바롤로'라는 상표명으로 더욱 유명한 세상 물정 모르는 왕자님. 중후하고 복합적인 맛으로 장기 숙성에 적격.

모스카토
Moscato

W

귀여운 남동생 타입이지만 실제로는 속이 시커먼 능구렁이일지도. 달콤한 향기와 맛으로 젊은 여성에게 큰 인기.

피노 그리
(프랑스)
Pinot Gris

다른 이름은

피노 그리조
(이탈리아)
Pinot Grigio

W

양면성의 매력이 있는 미스터리한 아이. 이탈리아는 산뜻한 맛으로, 프랑스는 무게감 있는 농후한 맛으로 생산됨.

산조베세
Sangiovese

R

'키안티'라는 상표명으로 알려짐. 주위에 휩쓸리지 않고 자기 주장이 강한 리더 타입. 타닌과 산도 밸런스가 훌륭함.

스페인
Espagne

템프라니요를 마시자.
묵직함을 느끼고 싶을 땐

스페인 하면 농후하고 정열적인 레드!

　스페인 음식 먹을 때를 제외하고 언제 스페인 와인이 마시고 싶냐고요? 그야 당연히 역동적인 투우 경기나 정열적인 플라멩코 댄서의 춤처럼 자극이 필요한 밤에 마시고 싶어집니다.

　그런 기분이고 싶은 밤이 없나요? 필자는 그런 기분을 느끼고 싶은 밤이 있습니다.

　아무튼, 단순히 스페인 = 정열의 나라라는 고정관념 때문만은 아니랍니다. 실제로 정말 스페인 와인 속에는 그런 정열적인 성분이 물리적으로 들어 있는 듯합니다. 마시고 나면 정열적으로 변하니까 말이죠.

　스페인 와인 산지는 리오하Rioja 지방과 페네데스Penedes 지방으로 나누어지지만, 스페인은 지역보다는 품종이나 술의 종류로 고르는 방식을 추천합니다.

　스페인은 레드 와인 품종인 템프라니요가 유명합니다.

　'조숙'이라는 뜻을 가진 스페인 고유의 최고급 품종으로 광범위한 지역에 걸쳐 재배되는데, 스페인 내에서도 울 데 예브레Ull de Llebre, 센시벨Cencibel, 띤또 델 빠이스Tinto del Pais 등 이렇게 지방에 따라 이름이 달리 불릴 정도입니다. 그만큼 스페인 국민에게 많은 사랑을 받는 품종입니다.

템프라니요는 잘 익은 과일 풍미와 향이 진하고 농밀한 맛이 특징입니다. 여섯 종류의 대표 품종에 비유하면 **메를로**를 좋아하는 사람은 **템프라니요**도 좋아할 것 같습니다. 참고로 추천 와인은 리오하 지방의 【마르케스 데 리스칼 Marqués de Riscal】로 맛이 아주 좋습니다.

스페인다운 와인을 꼽으라면 주로 페네데스 지방에서 생산되는 카바 Cava 겠죠. 스파클링 와인으로 잘 알려져 있으며 샴페인 코너 바로 옆에 놓여 있습니다. 선물용이 아니라 그냥 집에서 마시고 싶을 때, 필자가 망설이지 않고 구매하는 와인입니다.

카바는 가격도 부담 없고 기본적인 제조 방법이 샹파뉴 지방의 샴페인과 동일해서 전반적으로 품질 또한 우수합니다. 샴페인을 아끼면서 찔끔찔끔 마실 바에는 카바를 꿀꺽꿀꺽 시원하게 들이키는 편이 청량감을 즐기기 위해 마시는 스파클링 와인 본연의 매력을 잘 느낄 수 있을 겁니다.

또 하나, 스페인 하면 빼놓을 수 없는 것이 셰리 Sherry 입니다.
셰리는 브랜디를 첨가해서 만든 와인으로 맛의 스펙트럼이 넓어서 엄청나게 달콤한 타입의 와인도 있고 아주 드라이한 타입의 와인도 있습니다.

달콤한 타입은 무척 달아서 마치 진한 캐러멜을 먹는 것 같습니다. 아주 드라이한 타입은 화이트 와인을 더욱 드라이하게 만들고 과일 풍미를 최소화해서 약간 사오싱주紹興酒*와 비슷한 맛이 납니다.

셰리와 비슷한 스타일의 와인으로는 포르투갈의 포트 와인Port Wine과 마데이라 와인Madeira Wine이 있습니다. 오랜 수송 기간 동안 와인의 변질을 막고자 알코올 도수를 높였기 때문에 냉장고에서 장시간 보관이 가능합니다.

대항해 시대에 활약하며 무역을 독점한 스페인과 포르투갈은 지리적 요건으로 항해 빈도가 높았습니다. 그래서 잘 상하지 않고 장기 보관이 가능한 와인이 필요했고, 그 수요로 탄생한 것입니다.

이처럼 나중에 알코올을 첨가해서 만든 와인을 주정 강화 와인이라고 하는데 식후에 마시는 술로 인기가 높습니다.

참고로 셰리를 저장하기 위해서 만든 오크 통을 셰리 통이라고 합니다. 셰리 와인의 향과 맛과 빛깔이 더해지면 한층 깊이 있는 위스키로 숙성되기 때문에 위스키 저장에도 사용되고 있습니다.

---

* 사오싱주 : 찐 찹쌀과 보리로 만든 누룩을 섞어서 발효시킨 후, 여과해서 만드는 중국 사오싱 지방의 양조주로 황갈색을 띠고 신맛이 남.

흥부자가 되고 싶은 밤이라면,
정열의 나라 와인을 마시자.

스페인 와인의 등급 체계

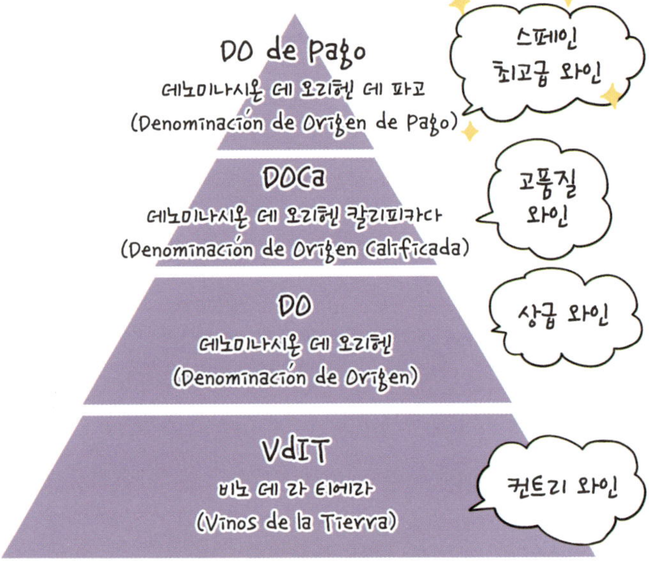

DO de Pago
데노미나시온 데 오리헨 데 파고
(Denominación de Origen de Pago) — 스페인 최고급 와인

DOCa
데노미나시온 데 오리헨 칼리피카다
(Denominación de Origen Calificada) — 고품질 와인

DO
데노미나시온 데 오리헨
(Denominación de Origen) — 상급 와인

VdlT
비노 데 라 티에라
(Vinos de la Tierra) — 컨트리 와인

숙성에 관한 라벨 표기

Crianza 크리안사
숙성 기간이 길다.

Reserva 레세르바
숙성 기간이 더욱 길다.

Grand Reserva 그랑 레세르바
우수한 빈티지(연도)였던 때에만 만들어졌기 때문에 숙성 기간이 매우 길다.

스페인

Espagne

【주요 품종】

까리냥
(프랑스)
Carignan

다른 이름은

까리네나
(스페인)
Carinena ®

시가(담배) 또는 초콜릿 향기와 잘 익은 과일 풍미가 느껴짐. 가르나차와 잘 블렌딩 됨.

템프라니요
Tempranillo  ®

거만하고 정열적인 성격, 존재감 넘치는 스타일리시한 남학생. 서양 자두나 체리 같은 검붉은 과일 향이 강렬함.

그르나슈
(프랑스)
Grenache

다른 이름은

가르나차
(스페인)
Garnacha  ®

달콤한 딸기 잼과 검은 후추의 스파이시한 향을 가지고 있으며 까리네나와 잘 블렌딩 됨.

프랑스 · 이탈리아 · **스페인** · 독일

독일

Allemagne

차례대로 공략해 보자.

화이트 와인용 포도를

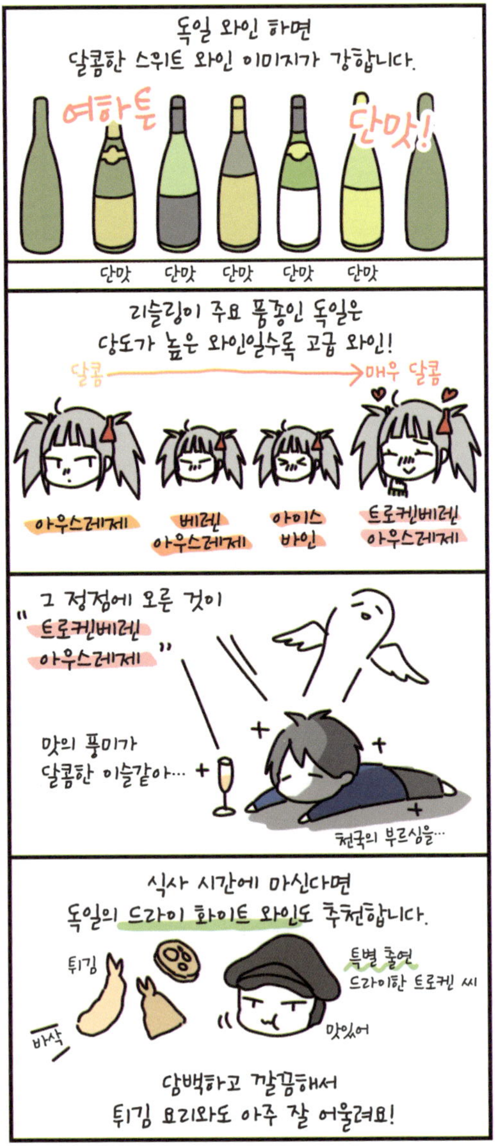

여러 해 동안 계속된 프랑스와의 영토 분쟁으로 서로의 문화가 오고 간 결과, 독일 와인은 프랑스의 알자스 와인과 매우 닮았습니다. 또한 그 와인과 잘 어울리는 독일 향토 음식인 식초에 절인 양배추나 구운 돼지고기 요리마저도 프랑스와 비슷합니다.

독일은 스위트 와인, 프랑스 알자스는 드라이 와인이 주체이지만 두 곳 모두 화이트 와인의 왕국으로 불리고 있으며 주요 품종으로 리슬링을 사용하는 점도, 귀부 와인을 생산하는 것도 유사합니다.

닮았다고 소개했지만 사실 독일 와인은 아주 어마어마합니다. 명칭이 말도 안 되게 기억하기 어렵습니다. 예를 들면, 프랑스 알자스 지방의 피노 그리는 독일에서 그라우부르군더Grauburgunder, 피노 누아는 슈페트부르군더Spätburgunder라는 이름으로 불립니다. 발음이 너무 달라진 탓에 동일 품종인데도 별개의 품종처럼 느껴지고 풍기는 이미지도 전혀 귀엽지 않습니다.

그 밖에 프랑스 알자스 지방에서 사용하는 게뷔르츠트라미너 품종이나 독일에서 가장 많이 재배되는 품종인 뮐러 투르가우 역시 마찬가지입니다. 어느 품종이든지 대체로 독일 명칭은 온몸이 굳어 버릴 정도로 딱딱해서 마치 포도나무의 줄기마저 두꺼울 것 같은 느낌이 듭니다.

프랑스 원산지 통제 명칭 AOC (AOP)에 해당하는 것이 독일의 Q.b.A입니다. Qualitätswein bestimmter Anbaugebiete = 크발리테츠바인 베쉬팀터 안바우게비테의 줄임말인데, 이건 뭐 말하면서 사방팔방으로 침만 튈 뿐, 당최 뭐라고 말하는지 전혀 알아들을 수 없습니다.

이렇게 독일 와인 분야는 이름도 딱딱하고 읽는 법도 아리송하고 어려워서 소믈리에 시험에서 독일 와인을 포기하는 지원자가 속출합니다(사실, 절대 포기해서는 안 됩니다!). 아무튼 와인 전문가를 목표로 하는 사람에게도 이 이름들을 암기하는 것은 무척이나 힘들기 때문에 ==독일 와인 명칭은 그냥 어렴풋하게 기억하는 거로 충분합니다.==

그렇다면 독일 와인은 무엇이 유명할까요? 그건 바로 ==뭐니 뭐니 해도 스위트 화이트 와인입니다.== 추운 기후의 지역은 사탕수수가 잘 자라지 못해서 단맛 자체가 매우 귀중한 존재로 여겨졌기 때문이죠.

그런 연유로 독일의 와인 등급은 당도가 기준입니다.

다시 말해서 단맛이 강하면 강할수록 높은 등급이라는 뜻이죠. 지방 지정 우수 와인(=원산지 통제 명칭) Q.b.A보다 더 높은 등급에 위치하며 한 단계 위에는 최상급 스위트 와인의 등급도 존재합니다.

그중에서도 최상위 등급에 있는 것이 트로켄베렌아우스레제 Trockenbeerenauslese 입니다.

왠지 모르게 축구의 신으로 받들어질 것 같은 박력 넘치는 이름이지만 실제로는 황홀할 정도로 기품이 느껴지는 스위트 와인입니다. 달콤한 맛이라고 표현했지만 설탕의 단맛과는 차원이 다른 단맛을 지닌 와인입니다.

그 아래는 아이스바인 Eiswein(=아이스 와인), 베렌아우스레제 Beerenauslese, 그리고 아우스레제 Auslese 등급이 있으며, 모두 당도의 순서대로 배열한 것입니다.

여기까지는 술이라기보다는 뭐랄까 특별한 음료 같은 느낌이 듭니다. 종종 '아우스레제는 마치 달콤한 이슬 감로甘露*와 같다'는 찬사를 받는데, 본래 감로라는 말이 천상의 신들이 마시는 불로불사의 물이라는 의미라서 벌컥벌컥, 꿀꺽꿀꺽 크아! 맛 좋네! 절대로 이렇게 마셔서는 안 됩니다. 고귀하게 부패한 성스러운 리슬링의 존재를 머리끝에서 발끝까지 온몸으로 즐긴다는 느낌으로 입 안에 한 모금 머금고 혀 위에서 천천히 음미해 주세요.

단맛의 등급은 슈페트레제 Spätlese, 카비네트 Kabinett로 이어집니

---

* 감로 : 천하가 태평할 때에 하늘에서 내린다고 하는 단 이슬.

다. 카비네트 등급부터는 단맛이 줄어서 음식 맛을 방해하지 않는 스위트 와인입니다.

그리고 드라이 타입인 트로켄Trocken과 세미 드라이 타입인 할프트로켄Halbtrocken도 우수합니다. 독일 드라이 타입의 와인은 당도와 산도가 낮아 매우 담백하고 깔끔해서 생선이나 튀김 요리에도 아주 잘 어울립니다.

단맛의 희소성이 떨어지고 스위트 와인 자체의 소비가 줄어들면서 이제 독일도 드라이 와인을 많이 생산하고 있습니다. 하지만 수입되는 독일 와인의 대부분은 스위트 와인입니다. 독일은 스위트 와인이라는 이미지가 강해 웬만해서는 드라이 타입의 독일 와인이 잘 팔리지 않기 때문입니다. 기회만 잘 잡으면 드라이 타입도 크게 히트를 칠 수 있는 와인인데 말이죠.

> **Point** 달콤한 와인이 싫은 사람에게 꼭 마셔 보라고 권하고 싶은 스위트 와인.

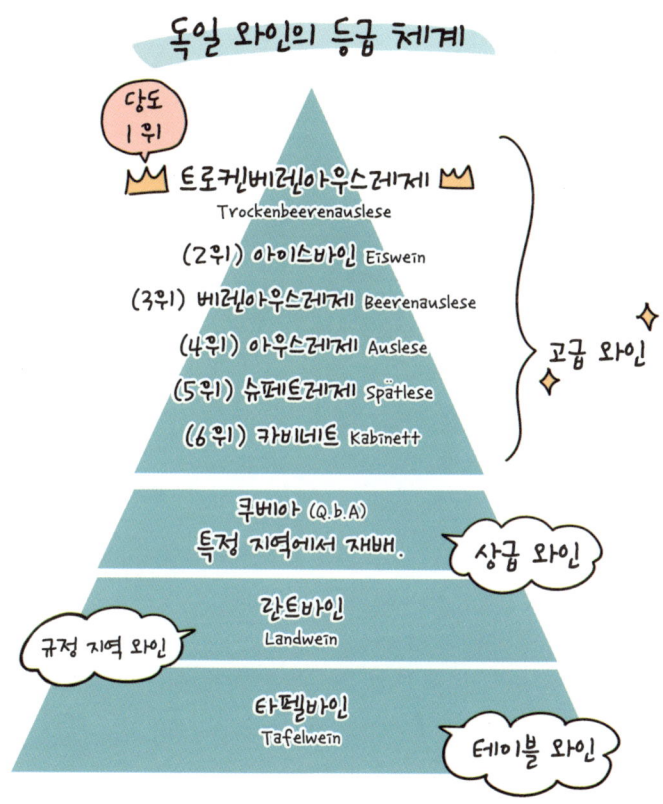

독일

Allemagne

【주요 품종】

리슬링
Riesling

누가 봐도 딱 알기 쉬운 츤데레 타입. 알자스의 리슬링에 비해 독일은 생산자가 달콤한 와인에 공을 들임.

뮐러 투르가우
Müller-Thurgau

수수해서 눈에 잘 띄지 않지만 모두가 따르는 숨은 리더. 요란하지 않으면서 깨끗하고 정직한 맛을 가짐.

게뷔르츠 트라미너
Gewürztraminer

과일 리치 향이나 향수 같은 독특한 향이 특징. 알자스 와인에 비해 독일 생산자가 달콤한 와인에 공을 들임.

실바네르
Sylvaner

언제나 리슬링에게 밀리고 있는 여학생. 산도가 강한 품종을 중화시키는 부드럽고 조화로운 풍미를 가짐.

제3장

신세계

미국·호주·뉴질랜드·칠레
아르헨티나·남아프리카 공화국·일본

신세계 와인은 맛이 명확하다.

미국

Amérique

미국 와인을 고르자.

단순하고 맛있는 와인이 마시고 싶을 땐

대항해 시대보다 나중에 와인을 만들기 시작한 나라는 신세계입니다.

그중에서도 구세계에 필적할 만한 존재감을 드러내고 있는 곳이 바로 초강대국 미국입니다.

무엇보다도 전 세계에서 와인을 가장 많이 소비하는 나라입니다. 어느 분야든지 1위를 거머쥐어야 직성이 풀리는 국민성도 한몫하고 있지요.

이런 지기 싫어하는 성향과 열정적인 연구 정신으로 '신세계 와인은 아직 한참 멀었다'는 와인 애호가들의 부정적인 시선을 차례차례 바꾸고 있습니다.

필자가 보기에 **미국** 와인은 오리건주의 **피노 누아**가 핫합니다.

오리건주의 **피노 누아**는 부르고뉴에서 가져온 품종이지만 미국 와인 법에서 정한 기준보다 훨씬 엄격하게 다루고 있어서 품질이 매우 높습니다. 부르고뉴의 피노 누아와는 다른 여운이 느껴지고 풍미도 훌륭해서 개인적으로 아주 좋아합니다. 와인에 대해 빠삭하게 알고 있어서 '오리건주의 **피노 누아**도 주목!'이라고 추천도 하고, 저 자신이 새삼 대견하네요.

하지만 일반적으로 미국 와인 하면 캘리포니아입니다. 미국 전체 생산량 중 90%가 캘리포니아에서 만들어지고 있습니다.

캘리포니아 와인의 시초는 로버트 몬다비 Robert Mondavi 라는 분입니다.

이 어르신이 와인 공부를 위해 유럽을 방문했을 때 미국 와인이 변변치 않다는 사실을 깨달은 후, 유럽 와인에 견주어 봐도 손색없는 와인을 만들고자 분투한 결과, 지금의 캘리포니아 와인의 기초가 되는 와인을 만들어 냈습니다. 이 어르신에게는 틀림없이 '보르도 = 동경의 대상'이지 않았을까 생각됩니다.

프랑스 메도크 지역의 1급 포도밭인【샤토 무통】을 소유한 로트칠드 씨와 함께 공동으로【오퍼스 원 Opus One】이라는 고급 와인도 만들었습니다. 알코올 도수는 높지만 무엇보다 맛이 진하고 묵직하며 과일 풍미가 흘러넘칠 정도로 꽉 차 있습니다.

미국 와인은 알기 쉬운 와인이 많습니다. 미국인들의 기질 때문일까요? 어떻게 설명하면 좋을지 적당한 표현이 떠오르지 않지만 섬세한 맛을 조용하게 즐기기보다는 화기애애한 분위기에서 여럿이 함께 바비큐 먹는 것을 좋아하는 스타일이라는 게 확실히 전해집니다.

아무튼 저래 보여도 역시 대단한 나라 미국은 와인 전문 대학까지 만들고 과학 기술을 이용해 와인을 연구하고 있습니다. NASA의 인공위성이나 GPS 등을 자유자재로 사용하기도 하고 지형을 3D로 변환하거나 일조 시간, 밤낮의 온도 차, 배수 등의 데이터를 통해 최적의 포도밭이 될 만한 장소가 어디인지를 산출하고 있다고 합니다.

다년간의 경험으로 얻을 수 있는 장인의 직감적인 판단을 흡사 ID야구*처럼 수치로 대신 보완하고 있는 셈이죠. 그래서 그런지 나름대로 맛이 좋습니다.

신세계 와인은 대체로 단일 품종입니다. 와인 라벨에 포도 품종이 쓰여 있는 경우가 많아서 고르기 쉽습니다.

다만 한가지 알아두면 좋은 게 프랑스 AOC(AOP) 등급과 비슷한 것이 미국 정부 승인 포도 재배 지역 AVA입니다. 더욱 한정된 산지명이 표기되어 있을수록 등급이 높은 고급 와인인데, 이런 규칙은 구세계의 것과 같네요.

캘리포니아주는 내파(=나파)밸리 Napa Valley와 서노마(=소노마)밸리 Sonoma Valley 두 지역이 유명합니다.

어림잡아 내파는 **카베르네 소비뇽**의 보르도 스타일, 서노마는 **피노 누아**와 **샤르도네**의 부르고뉴 스타일로 기억하면 됩니다.

---

* ID(Important data) 야구 : 다른 말로 확률 야구. 팀이 보유하고 있는 데이터를 바탕으로 이를 활용해 경기를 진행하는 야구.

그런데 필자는 두 지역의 맛의 차이를 거의 못 느끼겠더라고요. '어린이 입맛' 스타일의 와인이 마시고 싶은 날에는 맛도 좋고 까다롭지 않으니 괜찮은 선택입니다. 하지만 원래 기후가 따뜻한 지방에서 생산된 와인은 맛이 야무지지 않고 무르기 때문에 섬세한 맛을 표현하지 못하는 것 같습니다.

캘리포니아의 피노 누아는 입 안에 머금으면 '풍미가 짜잔!' 하는 듯싶다가도, 어어? 하고 바로 어리둥절한 느낌이 듭니다. 내가 아는 애랑 다른 애다, 그런 인상을 안겨 줍니다.

'그 섬세하고 고귀한 자태의 미소녀는 어디로 간 거지? ……아니, 대체 어떻게 된 거야 미국! 우리 **피노 누아** 님에게 무슨 짓을 한 거야!' 이렇게 외치고 싶을 정도로 나쁜 여자 스타일로 분위기가 확 달라진 **피노 누아**를 눈앞에 두고 '[속보] **피노 누아**, 미국 땅을 밟더니 이상하게 변함.' 마음속에서 이런 식의 속된 여론몰이를 하다가 이내 자포자기하고 자기혐오 속에 잠길 정도로 맛이 다릅니다. 몽땅 미국 스타일로 바꿔 버렸습니다.

캘리포니아의 독자적인 품종 **진판델**은 배기량이 큰 미국 자동차 같은 스타일이랄까, 좀비와 싸우는 여전사 같은 이미지랄까, 아무튼 매우 다부지고 파워풀해서 진정한 미국의 맛을 제대로 보여 줍니다.

  지금까지 짓궂게 미국 와인을 설명했지만 악의가 있어서 그런 건 아닙니다. 부담 없이 2만 원대 이하의 와인을 즐기고 싶다면 괜히 어설프게 구세계 와인을 고르기보다는 신세계 와인을 구매하시라고 강력히 추천합니다.

  신세계 와인 중에서 특히 미국 와인은 과학의 덕택으로 꽤 우수합니다. 필자에게 친숙한 와인이라서 자꾸 트집을 잡고 싶은 건지도 모르겠네요.

웃음이 저절로 나올 만큼 아주 맛있다.

90%

⭐ **캘리포니아주**

캘리포니아의 와인 법에서는 '단일 품종'이 상급 와인으로 규정된다.

미국 와인은 90%가 캘리포니아주 생산이지

버라이어틀 와인
(단일 품종 Varietal Wine)
라벨에 품종이 쓰여 있다.

상급 와인

프로프라이어터리 와인
(독점 인증 Proprietary wine)
블렌딩 된 와인으로 지명이나 생산자 이름이 쓰여 있다.

중급 와인

제너릭 와인
(테이블 Generic Wine)
'샤블리' 또는 '버건디(부르고뉴)' 등의 유럽 명칭이 쓰여 있다.

일상적인 와인

프로프라이어터리 = 와이너리가 포도 재배부터 양조, 병에 와인을 담는 모든 과정을 진행.

⬇ **남은 10%** ⬇

⭐ **오리건주**
피노 누아가 맛있다.
필자가 개인적으로 주목하는 곳!

⭐ **워싱턴주**
샤르도네가 많다.
보르도와 거의 같은 위도.

⭐ **뉴욕주**
뉴요커를 타깃으로 만든
세련된 도시 스타일 와인.

미국

Amérique

───────────────

【주요 품종】

진판델
Zinfandel

Ⓡ

다이나믹하고 시원시원한 걸크러쉬 여학생. 파워풀한 과일의 풍미로 모두를 압도함.

카베르네 소비뇽
(미국)
Cabernet Sauvignon

Ⓡ

공부는 좀 쉬면서 근육 단련을 열심히 한 카베르네 소비뇽. 과일 맛, 알코올 도수, 오크 향이 모두 강렬.

피노 누아
(미국)
Pinot Noir

Ⓡ

미국으로 옮겨 가면서 조금 풍만해진 피노 누아. 과일 맛도 적당해서 와인 초심자들도 쉽게 친해질 수 있음.

샤르도네
(미국)
Chardonnay

Ⓦ

뛰어난 적응력으로 미국에서 완전히 현지화된 아이돌. 파인애플 맛과 열대 과일의 풍미가 특징.

호주

Australie

호주 와인을 사자.

뭘 사야 할지 고민될 땐

호주 와인은 캥거루가 그려진 【옐로우 테일 Yellow Tail】을 선두로 이제는 어디에서나 쉽게 볼 수 있습니다.

호주 와인도 대부분 단일 품종으로 일명 버라이어틀 와인 Varietal Wine이 많습니다. 그중에서도 많이 사용되는 품종이 레드 와인의 시라(프랑스 이름), 다시 말해서 시라즈(호주 이름)입니다. 이따금 블렌딩한 와인도 찾아볼 수도 있는데 대체로 카베르네 소비뇽 × 시라즈가 섞인 조합이 많습니다. 두 품종 모두 맛이 진하고 묵직해서 서로 잘 어울리는 듯합니다.

그 밖에 샤르도네와 카베르네 소비뇽의 단일 와인도 있습니다. 대체로 품종명이 라벨에 표기되어 있어서 고르기도 쉽고, 마셔보면 품종의 특징이 잘 드러나는 이해하기 쉬운 맛입니다.

남반구에 위치한 호주는 대부분의 지역이 따뜻해서 캘리포니아의 기후와 그 특징이 매우 비슷합니다. 두 곳 모두 바비큐 문화에서 생성된 것이 아닌가 싶을 정도로 어린이 입맛에 맛있는 풍미입니다. 커다란 고기를 한입에 덥석 베어 물고 마셨을 때 맛이 좋은 와인입니다. 그래서인지 향신료 냄새가 강한 고기 맛에 묻히지 않을 정도로 맛이 강렬한 와인의 선호도가 높습니다.

그런 연유에서 시라즈는 시라에 비해 스파이시한 정도나 부엽토 같은 맛이 더욱 도드라져서 야성적으로 거침없이 자란 느낌입니다.

또한 온난한 기후에서 성장한 덕분인지 살짝 단맛이 느껴져서 시라와 비교하면 좀 더 초콜릿에 가까운 풍미라고 표현할 수도 있겠네요.

동일한 품종이라도 산지가 달라지면 성격도 변하기 때문에 비교하며 마셔 보는 것도 재미있을 겁니다.

다만 같은 호주 와인이지만 서부에 위치한 '마거릿강Margaret River'이라는 와인 산지는 조금 특수합니다. 프랑스의 지중해성 기후에 가까워서 신세계 와인답지 않게 비교적 우아하고 섬세한 맛의 와인을 생산합니다.

그래서 '호주의 서부 와인도 꼭 주목해 주세요'라고 말하고 싶지만 솔직히 필자도 그렇게까지 주시하고 있는 게 아니라서 독자 여러분에게 주목해 달라고 말하기 미안한 기분이 듭니다.

굳이 한 곳만 주목하지 않아도 호주 와인은 대체로 저렴하고 맛도 좋아서 어떤 걸 골라도 크게 후회할 일은 없을 겁니다.

게다가 호주는 환경 보호를 위해 포도를 재배할 때도 화학 약품 사용을 최소한으로 억제하고 있다고 하니 틀림없이 건강에도 좋겠죠?

맛있고 묵직한 레드 와인을 부담 없이 마실 수 있는 나라.

가장 처음으로 스크루 캡을 채용한 나라가 바로 호주예요.

코르크 마개가 아니면 분위기가 안 나는데…

라고 생각하는 사람도 있겠지만

① 여는 것이 간단하다!
② 밀폐성이 높고, 와인의 산화를 막아준다.
③ 코르크 마개 오염이 없다.
④ 다 마시지 못해도 간단히 마개로 닫을 수 있고, 냉장고에 누워서 보관할 수도 있다.

쿠울-

이러한 실용성이 인정을 받아서 지금은 구세계 와인에도 사용되고 있어요.

싼 거란 뜻이 아니라고요!

호주

Australie

【주요 품종】

샤르도네
(호주)
Chardonnay

Ⓦ

이번에는 느긋하고 너그러운 호주 기질로 물든 샤르도네. BBQ에도 잘 어울리는 풍미.

시라
(프랑스)
Syrah

다른 이름은

시라즈
(호주)
Shiraz

Ⓡ

더욱 검게 햇볕에 그을리고 야생적으로 자람. 스파이시한 풍미에 달콤함이 더해져 초콜릿 맛이 느껴짐.

카베르네 소비뇽
(호주)
Cabernet Sauvignon

Ⓡ

보기와 달리 마른 스타일의 엄청 탄탄한 근육맨. 시라즈와 블렌딩하면 최고 등급의 헤비급 와인이 됨.

뉴질랜드

Nouvelle-Zélande

소비뇽 블랑을 모두 마셔 보자.

호주의 대표 품종이 레드의 시라즈였다면 뉴질랜드는 화이트의 소비뇽 블랑입니다. 이것만 기억하면 어려울 건 없습니다. 뉴질랜드의 소비뇽 블랑은 프랑스나 다른 지역에 비해서 어린잎 냄새, 레몬, 허브 향이 찌를 듯 강하고 톡 쏘는 듯한 느낌입니다. 같은 소비뇽 블랑이라도 프랑스 루아르 지방의 【상세르 sancerre】와 【푸이 퓌메 Pouilly Fumé】는 약간 신맛이 느껴지는 드라이 타입이지만, 뉴질랜드는 부드러운 과일 풍미가 더해져 있습니다.

그러면 결과적으로 어떠냐고요? 아주 아주 맛있습니다.

와인을 처음 마시는 여성에게 화이트 와인을 권하고 '화이트 와인이 이렇게 맛있는 거예요?'라는 반응을 기대한다면 이 이상 견줄 만한 것이 없을 정도로 까다롭지 않고 맛있는 와인입니다.

뉴질랜드도 품종으로 고르면 되기 때문에 일부러 지명을 외울 필요는 없지만 소비뇽 블랑이 많이 생산되는 지역인 말버러 Marlborough가 라벨에 쓰여 있는 와인을 찾아보는 것도 좋겠네요.

참고로 뉴질랜드에는 피노 누아를 사용한 맛있는 레드 와인도 생산되고 있습니다. 부르고뉴보다 비교적 따뜻한 기후에서 재배되어 기품이 남아 있으면서도 까다롭지 않아 다가가기 쉬운 친숙한 맛입니다. 하지만 캘리포니아에 견줄 정도로 팔방미인 타입은 아닙니다.

먼저 소비뇽 블랑을 마셔 보자.

뉴질랜드

Nouvelle-Zélande

【주요 품종】

소비뇽 블랑
(뉴질랜드)
Sauvignon Blanc

솔직하고 쿨한 성격의 뇌가 순진한 미소녀. 더욱 짙어진 허브와 대파의 푸릇푸릇하고 상쾌한 향기가 특징.

피노 누아
(뉴질랜드)
Pinot Noir

기품과 아름다움이 남아 있으면서도 명랑하고 활발해서 밸런스가 좋은 맛으로 완성됨.

칠레

Chili

단일 품종은 칠레로 기억하자.

과거 칠레 와인의 이미지는 단지 저가 와인에 불과했습니다.

그런데 언제부터인지 신세계의 선구자로 불리면서 '칠레 와인은 저렴하고 맛이 좋다' '칠레의 **카베르네 소비뇽**은 훌륭하다'는 이미지로 바뀌었습니다.

오히려 지금은 고급 와인을 만들고 있습니다. 예를 들면 【샤토 무통】을 보유한 로트칠드 회사와 제휴해서 만든 【알마비바 Almaviva】 등이 아주 유명합니다. 이 와인은 미각의 경험치나 취향을 타지 않는 이른바 알기 쉬우면서 고급스러운 맛입니다.

칠레 와인도 신세계 와인이라서 기본적으로 단일 와인이 생산되며 라벨을 보고 내용물을 판별하기 쉽습니다. 하지만 보르도 스타일을 흉내 낸 블렌딩 와인 생산자도 더러 있습니다.

레드 와인은 **카베르네 소비뇽**, **메를로**, **피노 누아**, 화이트 와인은 **샤르도네**, **소비뇽 블랑** 등 주요 품종을 기본적으로 갖추고 있습니다. 어느 것이든 다른 나라의 와인에 비해 목 넘김이 매끄러워서 거부감 없이 마시기 좋고, 산미가 두드러지지 않으면서도 과일 맛이 풍부한 와인입니다. 또한 최근까지 **메를로**라고 착각하고 있었던 **카르메네르** 품종도 있습니다.

어느 것을 골라도 저렴하고 실패할 확률이 적어서 포도 품종의 특징을 파악하려면 칠레 와인을 고르는 게 탁월한 선택입니다.

자전거 일러스트가 그려진 라벨로 잘 알려진 【코노 수르 Cono

Sur】와 칠레 최대 와이너리인 콘차 이 토로Concha y Toro사의 【선라이즈Sunrise】 【카시예로 델 디아블로Casillero del Diablo】는 마트에서도 쉽게 눈에 띕니다.

　이렇게까지 우수하니 필자가 칠레 와인을 크게 칭찬할 법도 한데 그러지 않는 이유는 와인 탐험을 칠레만으로 끝내기엔 좀 시시하다는 생각이 들기 때문입니다. 한번 칠레 와인을 마시고 난 뒤 마음에 쏙 들어서 그 이후에도 쭉 칠레 와인만 마시는 국한된 선택을 하는 분들이 더러 있습니다. 또 칠레 와인이냐고 하면, '그야 그럴 수밖에 이러면 실패하지 않는단 말이야. 햄버거 하면 버거킹, 카레 하면 코코이찌방야CoCo壱番屋*, 이런 것도 좋다고!'라고 합니다. 네 좋아요, 나쁘지 않죠.
　하지만 그런 가치관에 고정되면 진정한 '와인 애호가'는 될 수 없을 것 같다는 생각이 듭니다. 와인은 모험입니다. 성공한 경험도 실패한 경험도 모두 자신의 것으로 삼고 일생을 걸고 '자신만의 와인'을 찾아 나서는 여행을 하시길 바랍니다. 혹여 아주 안정적인 맛의 칠레 와인이 몹시 마음에 쏙 들었어도 호기심을 자극해서 반드시 다른 나라의 와인에도 도전해 보셨으면 합니다.

---

* 코코이찌방야 : 전 세계에 체인이 있는 일본 카레 전문점.

참고로 칠레 하면 많이 언급되는 것이 <mark>해충 전설 필록세라</mark>이죠. 19세기 후반, 해충 필록세라가 등장하면서 전 세계의 포도나무에 괴멸적인 타격을 입혔지만 칠레는 기적적으로 재난을 면했습니다. 그런 연유로 칠레는 프랑스에서 들여온 포도 묘목의 자손을 지금까지 계속 남기고 보존하고 있는 나라로서 세계적으로도 귀중한 의미를 지닌 와인 산지입니다.

마시는 사람을 가리지 않으며 의심할 여지 없이 맛 좋은 와인.

칠레는 지리적 특성상 고립되어 있어서
해충 필록세라의 피해를 입지 않아
유전적으로 순수한 품종들이 무럭무럭 잘 자라고 있죠.

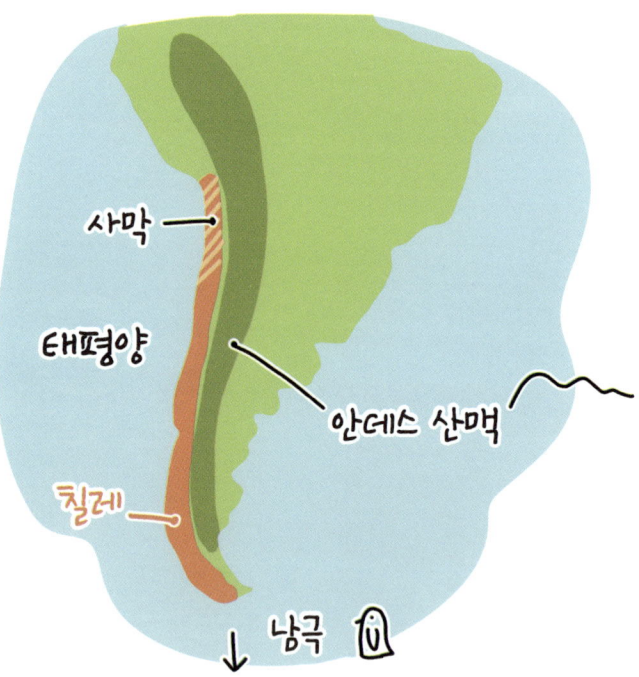

칠레

Chili

――――――――――
【주요 품종】

샤르도네
(칠레)
Chardonnay

W

붙임성이 뛰어난 모두의 아이돌. 달지도 시지도 않아서 호불호가 없는 맛을 줄곧 유지함.

카베르네 소비뇽
(칠레)
Cabernet Sauvignon

R

'칠레카베'라고도 불림. 알기 쉽고 맛있는 레드 와인의 대명사. 최근에는 점점 더 고급스러운 풍미를 더해 감.

카르메네르
Carménère

R

끊임없이 먹어 대는 숨은 돼지. 남을 신경 쓰지 않는 마이 페이스. 진한 과일 향으로 감칠맛이 돌고 산도가 적음.

메를로
(칠레)
Merlot

R

차분한 성격으로 주변을 잘 돌보는 캐릭터. 조금 통통해진 덕분에 산도가 사라짐.

피노 누아
(칠레)
Pinot Noir

R

압도적인 기품과 아름다움은 둘째로 치더라도, 피노 누아의 분위기만은 즐길 수 있음.

아르헨티나
Argentine

단일 품종은 아르헨티나 와인으로 배워도 좋아요.

'아르헨티나는 축구나 탱고 말고 딱히 떠오르는 것도 없고 똑같은 남아메리카라서 칠레하고 어떤 차이가 나는지 솔직히 잘 모르겠어.'

그래요, 그런 분은 강제로 소파에 앉혀 놓고 **말베크**와 **토론테스**를 번갈아 마시게 해서 아르헨티나 와인의 매력에 홀딱 빠지게 만들고 싶습니다.

솔직히 예전의 아르헨티나는 자국민이 마구마구 와인을 마셔 대는 바람에 품질보다는 양을 추구하는 편이었습니다. 그러다 해외에서 자본도 투입되고 재배 방식이나 양조 기술이 점점 발전하면서 지금은 십만 원이 훌쩍 넘는 고급 와인이 생산될 정도로 수준이 높아졌습니다.

아르헨티나의 주요 품종은 레드 와인의 **말베크**입니다.

말베크 품종으로 만들어진 와인은 한눈에 보기에도 색이 아주 짙어서 붉은 보르도색보다는 검은색에 가깝기 때문에 묵직하고 중후한 분위기를 풍깁니다. 하지만 한 모금 마셔 보면 '강렬하고 화려한 과일 풍미가 나겠지? 슬슬 나올 때가 됐는데! 어, 뭐지?' 하는 식으로 어리둥절하게 만듭니다. 예상과 전혀 달라서 왠지 골탕 먹은 기분이 들 정도로 연하고 가볍게 넘어가는 느낌이죠. 마음을 뒤흔들고 그냥 훅 지나가서 왠지 차인 듯한 느낌을 주는 말베크에 중독될 수밖에 없습니다.

 잊지 말고 기억해야 하는 아르헨티나의 또 다른 품종으로 화이트 와인의 토론테스가 있습니다. 한마디로 말하면 과일 요구르트 같은 맛입니다. 살며시 코끝을 스치는 과일 풍미가 달콤하고 감미롭게 입 안 가득 퍼지면서 살살 녹습니다.
 그다지 대중적인 품종이 아니라서 오히려 신선하게 느껴질 정도로 꽤 마음을 사로잡는 맛입니다. 특히 젊은 여성 손님들에게 내놓으면 제법 높은 확률로 '어머, 맛있어요♡'라는 좋은 반응을 얻고 있어서 필자의 와인 가게에서 매우 요긴하게 쓰이는 와인입니다.
 그리고 말베크 × 카베르네 소비뇽을 블렌딩한 와인과 더불어 샤르도네 단일 와인도 알기 쉬우면서 맛있다는 점이 아르헨티나 와인의 특징입니다.
 어느 것을 골라도 평균적으로 가격 대비 높은 품질을 자랑합니다. 주요 품종의 특징을 익히기 위해서라도 일부러 칠레가 아닌 아르헨티나 와인을 고르는 것도 좋을 것 같네요.

왜 인기가 없는 건지 이해가 안 될 정도로 우수한 마이너리그.

안데스산맥에서 불어오는 따뜻한 바람 덕분에
포도가 잘 익고 병충해도 적어서,
실은 아주 다양한 유기농 와인이 있어요.

아르헨티나

Argentine

【주요 품종】

말베크
Malbec
Ⓡ

겉모습은 투박해 보이지만 소녀 감성의 소유자. 카시스 베리, 제비꽃 향기. 밸런스가 훌륭한 타닌이 특징.

토론테스
Torrontés
Ⓦ

겉모습은 여자아이처럼 보이지만 사실 여성스러운 남학생. 과일 요구르트 같은 달콤하고 향긋한 향이 특징.

남아프리카 공화국

République d'Afrique du Sud

보물찾기를 하듯 저렴하고 맛있는 와인을 찾아보자.

남아프리카 공화국의 대표 품종은 피노타지입니다.

사실 그것 외에는 특별히 전할 것이 없을 정도로 남아프리카 공화국은 정말 심플합니다.

피노타지는 기품있는 여왕님 피노 누아와 양산형 품종으로 건강 하나는 타고난 생소, 즉 에르미타주를 접목해서 탄생한 남아프리카 공화국의 오리지널 품종입니다.

피노 누아는 인기와 품질 면에서 세계 최고지만 '더운 거 싫어' 하고 '벌레도 정말 싫어' 하는 매우 까다로운 품종입니다. 그런 연유로 부르고뉴 지방 말고는 웬만해선 본래의 진가를 발휘하지 못하는 단점이 있죠. 그래서 몸 하나는 정말 건강하다는 것이 유일한 장점인 에르미타주와 접목시켜서 매우 건강한 몸체의 피노 누아, 즉 피노타지를 탄생시켰습니다.

피노타지를 마셔 보면 음…… 맛이 어떻다고 설명해야 좋을까요. 아마도 피노 누아를 마셔 본 경험이 있다면 '피노 누아치고 무척이나 몸집이 튼실한 것 같다'는 인상을 받을 겁니다.

개중에는 맛이 좋은 와인도 많습니다. 하지만 아프리카는 아파르트헤이트Apartheid가 철폐된 이후 와이너리가 급증해서 와인의 역사가 짧고, 이제 막 와인 기술을 연마하기 시작한 곳입니다. 많은 잠재력을 지닌 개발 도상국이지만 아직은 '가판대 최저가 행사'에서 판매되는 포지션입니다.

프랑스와 이탈리아 와인만 진정한 와인으로 인정받았던 때는 칠레 와인도 아르헨티나 와인도 미국 와인도 '에이, 신세계 와인 따위 개나 줘!'라는 취급을 받았었죠. 하지만 이제는 신세계 와인도 다수의 유명 브랜드 와인을 생산하고 있고 지명도나 가격 또한 점점 높아지고 있지 않습니까?

그래서 필자는 '지금의 남아프리카 공화국은 과거의 남아메리카' 수준이라고 생각하고 있습니다.

잘 살펴보면 보물 같은 와인을 발견할 수 있을 겁니다. 이제 어느 정도 맛있는 와인에 익숙해졌다면 앞으로의 미래가 기대되는 남아프리카 공화국에 투자한다는 셈 치고 '의외로 괜찮은 와인'을 탐색하는 건 어떨까요?

 저렴하고 맛있는 와인을 찾아볼까요.

남아프리카 공화국

République d'Afrique du Sud

【주요 품종】

피노타지
Pinotage

따뜻한 남쪽 나라 출신이라 추위에 약하지만 춤을 좋아하는 여학생. 야생 과일의 풍미로 무장한 과즙이 특징.

생소
(프랑스)
Cinsaut

다른 이름은

에르미타주
(남아프리카 공화국)
Hermitage

무더위에도 잘 견디는 건강한 남자아이. 피노 누아와 함께 건강하고 활달한 피노타지를 만들고 있음.

일본

Japon

일본 요리에는 일본 화이트 와인을 마셔 보자.

일본 와인은 정말 맛있어졌습니다.

기술과 품질도 좋아졌습니다. 레드 와인은 다소 더딘 듯하지만, 화이트 와인 중 일부는 이제 세계 와인 시장에 내놔도 손색이 없을 정도로 맛있는 와인을 생산하고 있죠.

세계에서 주목하고 있는 일본 품종은 고슈입니다. 고슈를 사용한 화이트 와인 중에서도 필자가 가장 좋아하는 와인은 【샤토 사카오리酒折 고슈 드라이】입니다.

여분의 과일 맛이나 잡맛이 일절 느껴지지 않아서 저도 모르게 한숨을 내뱉으며 '맛이 깨끗하다······'고 중얼거리고 싶어질 정도로 깔끔한 맛이 나는 드라이 와인입니다.

눈을 감으면 머릿속에서 미나미알프스시南アルプス市*의 천연수가 자아내는 노랫소리와 맑고 투명한 강물이 흐르는 듯한 이미지가 절로 그려지는 와인입니다.

고슈 품종을 사용한 와인에서 추천하고 싶은 건 바로 【샤토 메르샹 모에기萌黃】입니다. 이름만으로도 맛있다는 느낌이 전해지지 않나요? 고슈 단일 품종으로 만들진 않았지만 샤르도네와 블렌딩 된 와인으로 소금을 찍어 먹는 일본식 튀김과 잘 어울리며 요리의 맛을 헤치지 않는 것이 특징입니다.

---

* 미나미알프스시 : 일본 야마나시현의 서부에 위치한 도시.

샤르도네 이외에도 다양한 품종을 수입하고 있지만 맛있는 와인이 되는 일본산 품종은 야마나시山梨, 나가노長野, 야마가타山形, 홋카이도北海道, 교토京都 등에서 재배되는 포도입니다. 당연한 말이지만 일본에서 자라는 포도는 자국민의 입맛에 잘 맞도록 개량되었죠. 나가노의 **메를로**, 홋카이도의 **피노 누아**, 야마가타의 **샤르도네** 등 일본에서도 다양한 품종이 재배되고 있습니다.

아, 그리고 **카베르네 소비뇽**도 있습니다. 일본은 프랑스 보르도 지방과 기후가 비슷한 지역도 있어서 앞으로 세계를 놀라게 할 **카베르네 소비뇽**이 일본에서 나올지도 모릅니다.

일본 오리지널 품종으로는 레드의 **머스캣 베일리 A**가 있습니다. 신선한 앵두에 일본식 검은 캐러멜 소스와 말린 고구마 풍미가 더해진 품종이지만 품종 자체로 인정받은 지 얼마 되지 않아서 아직은 개발 도상국 같은 레벨입니다. 인기도 실력도 이제부터 차차 완성되겠지요.

어쨌든 일본도 양조 기법이나 포도 재배 기술이 향상될 가능성이 많습니다. 그러기 위해선 와인의 소비량이 늘어나는 게 좋겠죠. 그러면 기술에 투자하게 되고 와인의 가격도 낮아질 것입니다. 저렴하고 맛이 좋으니 더욱더 소비량이 증가하고, 그런 식으로 긍정의 순환 고리가 만들어질 테니까요.

마실수록 일본의 정취가 느껴진다.

일본 와인은 앞으로 수준이 더욱 좋아질 겁니다.
하지만 그러기 위해선 무엇보다도
일본 와인의 소비량이 증가해야 돼요.

모두가 일상적으로 와인을 즐긴다면
분명 언젠가
세계를 놀라게 할 위대한 와인이
일본에서 나올 거예요.

일본

Japon

【주요 품종】

고슈
甲州

수줍음이 많고 말수가 적은 청순 요정. 일본 음식에도 잘 어울리며 품위 있는 풍미와 향이 느껴짐.

머스캣 베일리A
Muscat Bailey A

부끄럼쟁이 고슈를 잘 이끌고 다니는 활기찬 여학생. 은은하게 풍기는 흑꿀과 붉은 딸기류의 베리 향이 특징.

와인 1학년

에필로그
Épilogue

와인 1학년

맺음말
Conclusion

　와인에 대해서 잘 알게 되었지만 인생은 달라지지 않았습니다.
　품위가 절로 높아지는 것도 아니고, 주위 사람들의 주목을 한 몸에 받는 것도 아니고, 더군다나 이성의 인기를 독차지하게 되는 것도 아닙니다. 물론 세상에는 와인 지식을 요긴하게 활용하면서 인생을 사는 사람도 있겠죠. 하지만 필자의 경우는 와인 지식이 늘었다고 해봤자 친구에게서 "선물용 와인은 뭐가 좋냐?"는 질문을 받고 조언을 해주는 게 전부입니다. 그것도 고작 일 년에 한두 번.
　다만 한 가지 좋은 점이 있습니다.
　그건 바로 와인을 제대로 마셔 보자고 결심한 후, 관심을 기울이니 '음미'라는 행위를 새삼스레 깨닫게 된 점입니다.
　어른이 되면 늘어나는 나이만큼 지식이나 경험이 쌓이기 마련입니다. 익숙한 것이 점점 늘어나면서 아름다운 풍경이나 영화를 봐도 음악을 들어도 그저 그렇게 감흥 없이 흘려버리게 되는 사람이 적지 않을 것입니다.
　사실 필자에게는 와인도 그런 대상이었습니다. 항상 수다에 빠져 있거나 매번 딴생각에 잠긴 채, 와인을 단지 술이나 음료로 생각하면서 꿀꺽꿀꺽 마셨습니다. 그러다가 언젠가 한 번 새삼스레 나만의 시간을 멈추고 와인을 한 모금 마셨는데 그 순간 '좋다!'라고 느꼈습니다.

'신선한 만남을 잊은 채 살고 있었다니!'

그 후로는 와인을 마실 때뿐만 아니라 다른 일을 할 때도 음미하는 습관이 생겼습니다. 이를테면 여행을 갔을 때 경치 감상은 물론이거니와 그곳에서 희미하게 느껴지는 흙 내음, 빛과 소리에도 관심을 기울이게 되었습니다. 그런데 이게 생각보다 아주 괜찮더라고요.

물론 '봤습니다' '들었습니다' '방문했습니다' 이렇게 기념 스탬프를 찍는 것처럼 일사천리로 착착 해치우는 것도 즐거움이자 행복일 겁니다. 그러나 때때로 그 자리에 멈춰 서서 순간을 제대로 느끼면서, 음미하면서 사는 것도 행복이라고 생각합니다.

모쪼록 이 책을 읽어 주신 독자 여러분들이 단 한 모금의 와인을 위해 시간을 멈추고 '좋다'고 느끼며, 즐기고 음미하는 순간이 더 많아지길 바랍니다.

이 책은 일러스트레이터 야마다 고로 씨의 탁월한 감각과 실력을 빌려서 포도 품종의 성격을 '학교생활'이라는 판타스틱한 세계관으로 표현해 봤습니다.

  누가 읽어도 막힘없이 쉽게 이해할 수 있도록 맛과 향기 등의 특징은 일부러 극단적으로 표현했습니다. 하지만 받아들이는 사람에 따라 감상은 각기 다를 수 있습니다. 어디까지나 필자 나름의 개인적인 해석이니 너른 이해 부탁드립니다.

  이 책을 읽으신 독자 여러분들이 마음에 쏙 드는 '품종'을 만나게 되시길, 그리고 그들과 멋진 관계를 쌓게 되시기를 진심으로 염원합니다.

간단하고 맛있는
근사한 와인 안주 레시피 북

초간단 완성

 레드와인

카베르네 소비뇽

피노 누아

콘비프의 타프나드 풍 브루스케타

- 바게트 빵 ········ 3장(2cm 두께로 얇게 자름)
- 블랙 올리브 ··························· 40g
- 양파 ····························· 1/8개 (20g)

A	콘비프 통조림 ····· 100g
	간 마늘 ············· 8g
	올리브유 ·········· 10cc

- 검은 후추 ······························ 조금
- 바질 (없으면 생략) ····················· 1~2장

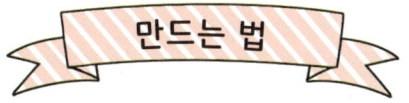

❶ 잘게 다진 블랙 올리브와 양파를 볼에 넣고, A와 섞는다.

❷ 바게트를 토스터에 살짝 굽는다.

❸ 구운 바게트 위에 ❶을 올리고 그릇에 담는다. 검은 후추를 위에 뿌리고, 바질로 장식한다.

초간단 완성

레드와인

카베르네 소비뇽

메를로

닭날개 콜라 조림

- 닭 날개 ················· 6개 정도 (400g)
- 소금, 검은 후추 ················· 적당량
- 콜라 ························· 200cc

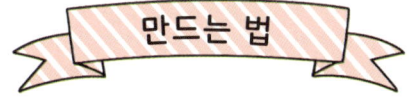

❶ 닭 날개를 포크로 찔러 칼집을 넣고 소금, 검은 후추를 충분히 뿌린 후, 고기에 스며들게 잘 문지른다.

❷ 예열된 프라이팬에 기름을 두른 후, 닭 날개를 넣어 양면이 노릇하게 굽는다.

❸ ❷에 콜라를 넣고 바짝 조리면서 닭 날개에 소스가 잘 배이게 섞어준다.

초간단 완성

화이트와인

| 샤르도네 |
| 소비뇽 블랑 |

참치와 토마토와 크레송 샐러드

- 참치 캔 ·································· 1 캔 (80g)
- 토마토 ·· 1/2개
- 크레송(물냉이) ····················· 5줄기 정도
- 맛 간장(멘츠유) ··························· 15cc
- 검은 후추 ······································ 약간

❶ 꼭지를 제거한 토마토는 4등분을 한 후,
반으로 자른다.
크레송은 4cm 정도 길이로 자른다.
참치는 체에 밭쳐 물기를 빼놓는다.

❷ 볼에 ❶을 넣고 맛 간장을 넣어
살짝 버무린다.

❸ 그릇에 담고 검은 후추를 뿌린다.

화이트와인

샤르도네

리슬링

문어와 아보카도 샐러드

- 문어 ·· 60g
- 아보카도 ···································· 1/2개
- 마요네즈 ······································ 20g
- 안초비 ·· 3g
- 다진 마늘 ······································· 2g
- 검은 후추 ···································· 약간

- 양상추 ··· 2장
- 파프리카 파우더 ············ 약간 (없으면 생략)

❶ 문어와 아보카도는 2cm 정도 크기로 깍둑썰기한다.

❷ 볼에 ❶을 넣고 안초비, 다진 마늘, 마요네즈, 검은 후추를 넣고 섞는다.

❸ 그릇에 양상추를 깔고, ❷를 담은 후, 파프리카 파우더를 뿌려준다.

편의점에서 구매하기

가까운 편의점은 와인 안주의 보물창고입니다.
치즈나 생햄이면 완벽한 조합이지만 그것만으로는 아쉽다는 분께 추천합니다.

레드 와인과 잘 어울리는 안주

훈제 목살이나 육포, 파스트라미 비프 추천. 고기는 사랑입니다!

보르도 와인에는 뿌리채소인 우엉조림이 은근히 잘 어울립니다.

절대 빠지면 안 되는
양념 닭꼬치.
묵직한 레드 와인에는
달콤한 양념이 정답!

화이트 와인과 잘 어울리는 안주

치킨, 감자, 과일 등
샐러드 종류도
무난합니다.

통조림은 최고의 안주.
햄, 참치, 연어, 과일 등
평소에 즐겨 먹는 통조림부터
굴, 안초비, 문어 등
이색 재료의 신박한 제품까지
모두 엄청 잘 어울리니
꼭 겟 하시길!

그 외에도

의외로 스낵이 잘 어울려요.
바비큐 맛, 치킨 맛, 떡볶이 맛, 치즈 맛 등
음식 맛 과자가 많죠. 가상 레스토랑 오픈!
어서오세요, 이곳은 마리아주 뷔페입니다.

이것저것 다 모르겠다면
고민보다 어묵!
어느 정도는 어울립니다.

백화점에서 사기

조금 고급 마트나 백화점에서 와인과 잘 어울리는 안주를 구입한다면
역시 치즈나 생햄이 최고!
그중에서도 필자가 가장 좋아하는 몇 가지를 소개합니다.

생햄

하몽 · 세라노

산 위의 추운 기후에서 숙성되어, 독특한 풍미를 냅니다.
한입 베어 물면 고기 육즙이 쫙~ 하고 입 안에 가득!

하몽 · 이베리코

하몽 · 세라노의 상위 제품으로 이베리코 종의
흑돼지를 사용한 고급 햄입니다.
먹는 순간 눈 깜짝할 사이에 입 안에서 녹는 천상의 맛.

만갈리차 돼지의 생햄

이베리코 돼지가 알기 쉽고 맛있는 맛이라면,
만갈리차 돼지는 훨씬 고급스럽고 섬세한 맛입니다.
일명 헝가리의 국보라고 하죠.
돈을 지불하면 다른 나라의 국보를 먹을 수 있습니다.
다만 구하기가 하늘의 별 따기!

치즈

라클레트

프랑스어로 '깎아낸다' '긁어낸다'는 뜻으로
치즈 단면을 불에 살짝 녹여
크림처럼 변한 곳을 나이프로 긁어서
빵이나 감자, 야채 위에 뿌려 먹습니다.
'알프스 소녀 하이디'에 등장한 그 치즈죠.

피에 당글로이

부드러운 우유 풍미.
치즈 향을 좋아하는 사람은
어딘가 조금 부족하다고
느낄 수 있지만,
'냄새나는 게 싫은 사람이라면
분명 마음에 쏙 들 거예요.

푸름 당베르

'고귀한 푸른곰팡이'라고 불리는 블루치즈.
겉모습은 푸른곰팡이투성이지만,
의외로 풍미가 부드럽습니다.
꿀을 뿌리면, 마치 귀족이 된 것 같은
고급스러운 맛입니다.
세계 3대 블루치즈인
'고르곤졸라' '로크포르' '스틸턴'보다
먹기 쉽다고 느낄지도!

콩테 24 개월 숙성

네, 사치!입니다.
프랑스에서 가장 추운 스위스 접경 지역인
프랑슈콩테 지방에서 만드는 치즈입니다.
엄격한 심사를 통과한 제품만이
'콩테 치즈'라는 이름을 얻을 수 있습니다.
심사에서 통과하지 못하면
'그뤼에르 치즈'가 됩니다.
농축된 우유 풍미.

와인 1학년

2019년 2월 11일 1판 1쇄 펴냄

지은이 고쿠보 다케루
일러스트 야마다 고로
옮긴이 소은선

펴낸이 박인수
펴낸곳 단디
주소 경기 파주시 탄현면 사슴벌레로 45
편집 성미연
디자인 전지혜

등록 제406-2016-000041호(2016.3.21.)
전화 031-941-2480
팩스 031-905-9787
이메일 dandibook@hanmail.net
홈페이지 dandibook.com

ISBN 979-11-956384-1-3(13590)

· 이 책은 저작권법에 따라 보호받는 저작물이므로 무단 전재와 복제를 금합니다.
· 잘못된 책은 구입한 곳에서 바꾸어 드립니다.

· 이 도서의 국립중앙도서관 출판예정도서목록(CIP)은 서지정보유통지원시스템
   홈페이지(http://seoji.nl.go.kr)와 국가자료종합목록시스템(http://www.nl.go.kr/kolisnet)에서
   이용하실 수 있습니다. (CIP제어번호: CIP2018042479)